दोस्त बनाने और लोगों को प्रभावित करने की कला

डेल हारबिंसन कार्नेगी (1888-1955) एक अमेरिकी लेखक, व्याख्याता थे, जिन्होंने आत्म-सुधार, विक्रय कौशल, कॉर्पोरेट प्रशिक्षण, सार्वजनिक वक्तृता और अंतर्वैयक्तिक कौशल इत्यादि विषयों में लोकप्रिय पाठ्यक्रमों का विकास किया था। उनका जन्म मिसौरी के एक गरीब किसान परिवार में हुआ था। वे हाउ टू विन फ्रेंड्स एंड इन्फ्लुएंस पीपल (1936), हाउ टू स्टॉप वरीइंग एंड स्टार्ट लिविंग (1948) जैसी बेहद लोकप्रिय अनेक स्व-सहायता पुस्तकों के लेखक थे।

दोस्त बनाने और लोगों को प्रभावित करने की कला

एक आश्चर्यजनक पुस्तक जिसकी पूरी दुनिया में लाखों कॉपियां बिक चुकी हैं

डेल कार्नेगी

रूपा

प्रकाशित
रूपा पब्लिकेशंस इंडिया प्राइवेट लिमिटेड 2023
7/16, अंसारी रोड, दरियागंज
नई दिल्ली 110002

सेल्स सेन्टर:
बैंगलुरू चेन्नई
हैदराबाद जयपुर काठमाण्डू
कोलकाता मुम्बई प्रयागराज

संस्करण कॉपीराइट © रूपा पब्लिकेशंस इंडिया प्रा. लिमिटेड 2023
यह सामग्री सार्वजनिक डोमेन स्रोतों पर आधारित है।

सर्वाधिकार सुरक्षित
लेखक इस पुस्तक के मूल रचनाकार होने का नैतिक दावा करते हैं।
इस पुस्तक में व्यक्त किए गए सभी विचार, तथ्य और दृष्टिकोण लेखक के अपने हैं और प्रकाशक किसी भी तौर पर इसके लिए जिम्मेदार नहीं है।

P-ISBN: 978-93-5702-507-2
E-ISBN: 978-93-5702-508-9

तृतीय संस्करण 2024

10 9 8 7 6 5 4 3

भारत में मुद्रित

यह पुस्तक इस शर्त पर विक्रय की जा रही है कि प्रकाशक की लिखित पूर्वानुमति के बिना इसे व्यावसायिक अथवा अन्य किसी भी रूप में उपयोग नहीं किया जा सकता। इसे पुनः प्रकाशित कर बेचा या किराए पर नहीं दिया जा सकता तथा जिल्दबंध या खुले किसी अन्य रूप में पाठकों के मध्य इसका परिचालन नहीं किया जा सकता। ये सभी शर्तें पुस्तक के खरीदार पर भी लागू होती है।

विषय–सूची

1. आप बहस करके नहीं जीत सकते 3
2. शत्रु बनाने से कैसे बचें 10
3. यदि आप गलत हैं, तो स्वीकार कीजिए 15
4. शहद की एक बूँद 23
5. सुकरात का रहस्य 28
6. शिकायतों से निपटने में सुरक्षा वाल्व 32
7. सहयोग कैसे प्राप्त करें 36
8. जादुई सूत्र 38
9. सभी लोग क्या चाहते हैं? 41
10. वह अपील जो सभी लोग पसंद करते हैं 47
11. फिल्में ऐसा करती हैं। टेलीविजन ऐसा करता है। 51
12. जब और कोई युक्ति काम न करे, इस बात को आजमाएँ 53
13. ऐसा कीजिए और हर जगह आपका स्वागत होगा 59
14. पहला प्रभाव बेहतरीन बनाएं 67
15. यदि आप ऐसा नहीं करते हैं, तो आप समस्या आमंत्रित कर रहे हैं 72
16. अच्छी संवाद क्षमता विकसित करें 79
17. लोगों की दिलचस्पी कैसे जागृत करें 85

18.	लोगों को कैसे तत्काल अपना मुरीद बनायें	88
19.	यदि आपको गलती का पता लगाना है, तो शुरुआत करने का यही तरीका है	95
20.	आलोचना कैसे करें–और ऐसा करने पर भी नफरत के पात्र न बनें	99
21.	पहले अपनी गलतियों के बारे में बात करें	103
22.	आदेश सुनना कोई भी पसंद नहीं करता	107
23.	व्यक्तियों को शर्मिंदगी से बचने का अवसर दें	110
24.	लोगों को कैसे प्रोत्साहित करें	114
25.	लोगों को यथायोग्य सम्मान दें	119
26.	गलती को सुधारना आसान बनाएं	123
27.	आप जो चाहते हैं, वह करने को लोग खुशी-खुशी तैयार हों	126
28.	आलोचना करने के पूर्व सोचें	131
29.	लोगों से निपटने का बड़ा रहस्य	136
30.	दूसरे के दृष्टिकोण को समझें	146

भाग 1

1
आप बहस करके नहीं जीत सकते

प्रथम विश्व युद्ध की समाप्ति के कुछ ही समय बाद, एक रात मैंने लंदन में एक अमूल्य सबक सीखा। मैं सर रॉस स्मिथ का मैनेजर था।

युद्ध के दौरान, सर रॉस फिलिस्तीन में ऑस्ट्रेलियाई जासूस के रूप में तैनात थे; और युद्ध विराम घोषित होने के कुछ ही समय बाद, उन्होंने उड़ान भरकर महज तीस दिनों में आधी दुनिया का चक्कर लगाकर सबको चकित कर दिया था। ऐसा कारनामा पहले कभी नहीं किया गया था। इसने जबरदस्त सनसनी पैदा कर दी। ऑस्ट्रेलियाई सरकार ने उन्हें $50,000 के पुरस्कार से सम्मानित किया; इंग्लैंड के राजा ने उन्हें नाइट की उपाधि दी; और, कुछ समय के लिए, वे यूनियन जैक के तले सबसे चर्चित व्यक्ति थे। एक रात मैं सर रॉस के सम्मान में दिए गए भोज में शामिल हुआ; और रात्रिभोज के दौरान, मेरे बगल में बैठे एक व्यक्ति ने बड़ी मजेदार कहानी सुनाई, जो एक उद्धरण पर आधारित थी: 'नियति ही हमारे भविष्य को तय करती है, हम उसे कैसे टाल सकते हैं।'

उस व्यक्ति ने बताया कि यह उद्धरण बाइबिल से था। वह गलत था। मैं यह बात जानता था। मैं यह अच्छी तरह से जानता था। इस बारे में रत्ती भर भी संदेह नहीं हो सकता।

और इसलिए, अपनी श्रेष्ठता और महत्त्व प्रदर्शित करने के लिए, मैंने स्वयं को एक अवांछित और अनचाहे व्यक्ति के रूप में पेश किया जो उसकी तथ्यात्मक त्रुटि में सुधार कर सकता था। वह अपनी बात पर अड़ा रहा। क्या? यह उद्धरण शेक्सपियर के नाटक से है? यह असंभव और बेतुकी बात है! वह उद्धरण बाइबिल से था। और वह जानता था।

वह व्यक्ति मेरे दाहिनी ओर बैठा था; और मेरा एक पुराना मित्र फ्रैंक गैमंड मेरे बाईं ओर बैठा था। गैमंड ने वर्षों तक शेक्सपियर का अध्ययन किया था। इसलिए वह व्यक्ति और मैं गैमंड से यह प्रश्न पूछने को तैयार हो गए। गैमंड ने हमें सुना और मेज के नीचे से लात मारते हुए कहा: 'डेल, तुम गलत हो। ये सज्जन सही कह रहे हैं। यह उद्धरण बाइबिल से ही है।'

उस रात घर लौटते समय मैंने गैमंड से कहा: 'फ्रैंक, तुम्हें पता था ना कि वह उद्धरण शेक्सपियर का था।'

'हां, बिल्कुल,' उसने जवाब दिया, 'हेमलेट-खंड पांच, दृश्य दो। प्रिय डेल, लेकिन उस समय हम एक उत्सव में मेहमान थे। किसी व्यक्ति को गलत साबित करने का क्या फायदा? क्या वह तुम्हारे जैसा हो जायेगा? क्यों न उसे शर्मिंदगी से बचने दें? उसने तुमसे राय नहीं मांगी थी। वह यह नहीं चाहता था। उसके साथ क्यों बहस करना? टकराव से हमेशा बचना चाहिए। जिस व्यक्ति ने यह बात कही थी, उसने मुझे कभी न भूलने वाला सबक सिखाया। मैंने न केवल उस व्यक्ति को असहज किया था, बल्कि अपने मित्र के समक्ष भी शर्मनाक स्थिति पैदा कर दी थी। मैं तर्क-वितर्क न करता तो कितना अच्छा होता।

मेरे लिए यह सबक बहुत जरूरी था क्योंकि मैं बेहद तर्क-वितर्क करने वाला व्यक्ति था। अपनी जवानी के दिनों में मैंने अपने भाई के साथ लगभग हर चीज के बारे में बहस की

थी। कॉलेज में दाखिला लेने के बाद मैंने तर्क और वाद-विवाद का अध्ययन किया और अनेक वाद-विवाद प्रतियोगिताओं में भाग लिया। मैंने मिसौरी में जन्म लिया था।

तो मुझे मुखर होना ही था।

बाद में, मैंने न्यूयॉर्क में वाद-विवाद और तर्क की शिक्षा भी दी; और मुझे यह स्वीकार करने में शर्मिंदगी महसूस होती है कि मैंने इस विषय पर एक किताब लिखने की योजना भी बनाई थी। इसके बाद से तन्मयतापूर्वक मैंने हजारों तर्क-वितर्क और बहसों को सुना है और उनके प्रभाव को देखा है। इसके परिणामस्वरूप, मैं इस निष्कर्ष पर पहुंचा हूं कि इस दुनिया में सबसे अच्छा यही है कि बहस से बचा जाए। बहस से ऐसे बचें, जैसे कि आप जहरीले सांप और भूकंप से बचना चाहते हों।

दस में से नौ मौकों पर हर बहस इस निष्कर्ष के साथ समाप्त होती है कि दोनों पक्ष पहले की तुलना में कहीं अधिक दृढ़तापूर्वक आश्वस्त होते हैं कि वे बिल्कुल सही हैं।

आप बहस करके नहीं जीत सकते। ऐसा इसलिए कि आप यदि बहस में हारते हैं तो हारते ही हैं, किंतु यदि आप बहस में जीतते हैं, तब भी हारते ही हैं। क्यों? खैर, मान लीजिए कि आप बहस में अपने प्रतिद्वंद्वी को परास्त कर देते हैं और उसके तमाम तर्कों को खोखला साबित कर देते हैं। इससे क्या होगा? आप अच्छा महसूस करेंगे। लेकिन उसके बारे में क्या? आपने उसे छोटा महसूस कराया है। आपने उसके अभिमान को ठेस पहुंचाई है। वह आपकी जीत से खुश नहीं होगा। और:

भले ही उस व्यक्ति को मजबूरी में आपकी बात से सहमत होना पड़ा हो, पर उसका मूल नजरिया नहीं बदला है।

कई साल पहले पैट्रिक जे. ओश्हेयर मेरी एक कक्षा में शामिल हुए थे। वे बहुत कम पढ़े-लिखे थे, और बहस करना पसंद किया करते थे! किसी जमाने में वे वाहन चालक थे, और वे मेरे पास इसलिए आये थे क्योंकि वे ट्रक बेचने की कोशिश कर रहे थे, लेकिन उन्हें अधिक सफलता नहीं मिली थी। थोड़ी सी बातचीत में यह तथ्य सामने आया कि वह उन्हीं लोगों के साथ लगातार बदसलूकी और शत्रुतापूर्ण व्यवहार कर रहा था, जिनके साथ वह व्यापार करने की कोशिश कर रहा था। यदि कोई संभावित ग्राहक उनके द्वारा बेचे जा रहे ट्रकों के बारे में कुछ भी विपरीत बात बोलता, तो पैट्रिक तुरंत आगबबूला हो जाते थे। उन दिनों पैट्रिक ने कई बहसों में जीत हासिल की थी।

जैसा कि उन्होंने बाद में मुझसे कहा, 'मैं अक्सर यह कहकर कार्यालय से बाहर चला जाता था: "मैंने तो उसे बातें सुना दीं।" निस्संदेह मैंने उसे बातें सुनायीं, लेकिन मैंने उसे कुछ बेचा नहीं था।'

मेरी पहली समस्या पैट्रिक जे. ओश्हेयर को बात करना सिखाना नहीं थी। मेरा सबसे पहला काम उसे बातचीत और जुबानी लड़ाई से बचना सिखाना था।

श्री ओश्हेयर व्हाइट मोटर कंपनी के लिए न्यूयॉर्क में स्टार सेल्समैन बन गए। आखिर उसने यह कैसे किया? वे अपने शब्दों में अपनी कहानी बताते है: 'अगर मैं अभी किसी खरीदार के कार्यालय में जाऊं और वह मुझे देखकर कहे: "क्या? एक सफेद ट्रक? वह अच्छा नहीं है! मैं एक भी नहीं लूंगा। "इसके बजाए मैं हूज-इट ट्रक खरीदने जा रहा हूं," और "मेरी नजर में "हूज-इट" एक अच्छा ट्रक है।" यदि आप "हूज-इट" खरीदते हैं, तो आप कभी गलती नहीं करेंगे। "हूज-इट" ट्रक बेहतर कंपनी द्वारा बनाए गए हैं और अच्छे लोगों द्वारा बेचे गए हैं।

'वह सुनकर अवाक रह जाता है। इस जगह बहस की कोई गुंजाइश नहीं है। यदि वह कहता है कि "हूज-इट" ट्रक ही सबसे अच्छा है और मैं हामी भरता हूं कि आप सही कह रहे हैं तो आगे बहस की कोई गुंजाइश ही नहीं रहेगी और वह आगे कुछ नहीं बोलेगा। जब मैं उसकी बात से सहमत हो गया हूं, तो वह पूरी दोपहर यही नहीं कहता रहेगा कि "यही ट्रक सबसे अच्छा है"। इसके बाद हम "हूज-इट" ट्रक के बारे में बात करना बंद कर देते हैं और मैं व्हाइट ट्रक की खासियत के बारे में बात करना शुरू करता हूं।

'एक समय था जब उसकी पहली टिप्पणी मुझे बेहद आपत्तिजनक दिखती और मैं बहस को तत्पर हो जाता। मैंने "हूज-इट" ट्रक के खिलाफ बहस करना शुरू कर दिए होते; और जितने अधिक मैंने इसके खिलाफ तर्क दिया होता, वह इसके पक्ष में उतना ही अधिक जाता; और यही बात उसके ऊपर भी लागू होती है।

'अब जब मैं पीछे मुड़कर देखता हूं तो मुझे आश्चर्य होता है कि मैं कैसे कुछ भी बेच पाया। मैंने अपने कई वर्ष बहस और तर्क-वितर्क में बर्बाद किए।

अब मैं अपना मुँह बंद रखता हूँ। इसका मुझे फायदा होता है।'

जैसा कि बुद्धिमान बुजुर्ग बेन फ्रैंकलिन कहते थे:

यदि आप बहस, तर्क-वितर्क और विरोध करते हैं, तो आप कभीकभार जीत हासिल कर सकते हैं; लेकिन यह एक खोखली जीत होगी क्योंकि आपके प्रतिद्वंद्वी की सद्भावना कभी साथ नहीं होगी।

तो अपने लिए स्वयं विचार करो। आपके पास क्या होगी - एक अकादमिक, नाटकीय जीत या किसी व्यक्ति की सद्भावना?

दोनों ही बातें शायद ही कभी प्राप्त हों।

बोस्टन ट्रांसक्रिप्ट ने एक बार इस छोटे से पद्यांश को प्रकाशित किया था:

> यहाँ विलियम जे का शव पड़ा है, जो अपने हक की
> रक्षा करते हुए मृत्यु को प्राप्त हुआ। वह सही था,
> मरकर भी सही था..... लेकिन वह उतना ही मरा हुआ
> है जितना वह गलत था।

आप सही हो सकते हैं, पूरी तरह सही हो सकते हैं, जैसा कि आप अपने तर्क में साबित करते हैं; लेकिन जहां तक दूसरे के मन को बदलने की बात है, तो आप शायद उतने ही व्यर्थ होंगे जितने कि आप गलत थे।

बुद्ध ने कहा था: 'घृणा का अंत घृणा से नहीं, प्रेम से होता है, और गलतफहमी का अंत किसी तर्क से नहीं, बल्कि चातुर्य, कूटनीति, सुलह और दूसरे व्यक्ति के दृष्टिकोण को सहानुभूतिपूर्वक समझने की इच्छा से होता है।

लिंकन ने एक बार एक युवा सेना अधिकारी को अपने सहयोगी के साथ हिंसक विवाद में शामिल होने के लिए फटकार लगाई थी। और कहा था, 'कोई भी व्यक्ति जो स्वयं का अधिक से अधिक उपयोग करने के लिए दृढ़ संकल्पित है, उसके पास व्यक्तिगत विवाद के लिए समय नहीं होता है।' वह परिणाम भुगतने का और भी कम जोखिम उठा सकता है, जिसमें क्रोध में बिगड़ना और आत्म-संयम की हानि शामिल है। समान अधिकार के पैरोकार लोगों को बड़ी चीजों में समझौता कर लेना चाहिए, जबकि अपने स्पष्ट अधिकार के बावजूद छोटी बात को छोड़ देना चाहिए। अधिकार की लड़ाई में स्वयं को कुत्ते से कटवाने से अच्छा है कि उसके लिए रास्ता छोड़ दो। कुत्ते को मारने

से भी उसके काटने से हुए जख्म में आराम नहीं मिलेगा।'

शादी के लगभग पचास साल पूरे हो जाने के बाद ओपेरा गायक जान पीयर्स ने एक बार कहा था: 'मेरी पत्नी और मैंने बहुत समय पहले आपस में एक समझौता किया था, और हर हाल में हमने इसे बनाए रखा है, चाहे हम एक-दूसरे से कितने भी नाराज क्यों न हुए हों। जब हम दोनों में से कोई एक क्रोध में चिल्लाये, तो दूसरे को चुपचाप सुनना चाहिए - क्योंकि जब दो लोग चिल्लाते हैं, तो उनके मध्य किसी तरह का संवाद नहीं होता है, बस शोरशराबा और नकारात्मक स्पंदन होता है।'

नियम 1: बहस से बचें।

अपनी आवाज ऊँची न करें,
बल्कि अपने तर्क में सुधार करें।

—डेसमंड टुटू

जब आप उत्साहपूर्वक काम करते हैं,
तो आप स्वयं में उत्साह पैदा करते हैं।

—डेल कार्नेगी

2
शत्रु बनाने से कैसे बचें

अमरीका के राष्ट्रपति पद पर रहते हुए थियोडोर रूजवेल्ट ने स्वीकार किया कि यदि वे अपने कुल कार्यों में 75 प्रतिशत बार सही होते, तो वे अपनी उम्मीदों के अनुरूप सर्वोच्च स्तर तक पहुंचने में सक्षम होते।

बीसवीं सदी के सबसे प्रतिष्ठित पुरुषों में से एक के लिए यदि यह उच्चतम प्रतिशत था, तो आपके और मेरे बारे में क्या कहा जा सकता है?

यदि आप केवल 55 प्रतिशत बार सही होने के बारे में आश्वस्त हैं, तो आप वॉल स्ट्रीट जाकर एक दिन में दस लाख डॉलर कमा सकते हैं। यदि आप 55 प्रतिशत बार सही होने के बारे में आश्वस्त नहीं हैं, तो आप अन्य लोगों को कैसे बता सकते हैं कि वे गलत हैं?

आप लोगों को एक नजर, स्वर या हावभाव से यह बता सकते हैं कि वे गलत हैं, जैसा कि आप अपने शब्दों से भी कर सकते हैं – और यदि आप उन्हें बताते हैं कि वे गलत हैं, तो क्या आप यह भी चाहते हैं कि वे आपसे सहमत हों? ऐसा कभी नहीं होगा! क्योंकि आपने उनकी बुद्धि, निर्णय, गर्व और स्वाभिमान पर सीधा प्रहार किया है। परिणामस्वरूप वे भी पलटवार करेंगे। लेकिन यह कभी भी उन्हें अपना मन बदलने के

लिए प्रेरित नहीं करेगा। आप चाहे उनके समक्ष प्लेटो या इमैनुएल कांट के सभी तर्क प्रस्तुत कर दें, पर आप उनकी राय नहीं बदल सकेंगे, क्योंकि आपने उनकी भावनाओं को ठेस पहुंचाई है।

कभी भी इस घोषणा के साथ अपनी बात शुरू न करें: 'मैं आपके सामने यह साबित करने जा रहा हूं।' यह तरीका उचित नहीं है। ऐसा कहने पर यह प्रतीत होता है कि: 'मैं तुमसे ज्यादा होशियार हूं। मैं कुछ बातें बताने जा रहा हूं और इससे तुम्हारी राय बदल दूंगा।'

यह चुनौती देने के समान है। इससे विरोध पैदा होता है और सुनने वाला आपकी बात शुरू होने से पहले ही विरोध की मुद्रा में आ जाता है।

अच्छी से अच्छी परिस्थितियों में भी लोगों का विचार बदलना सबसे मुश्किल काम है। तो इसे कठिन क्यों बनाते हैं? अपने आप को कठिनाई में क्यों डालना?

अगर आप कुछ साबित करने जा रहे हैं, तो सामने वाले व्यक्ति को इसका पता न चलने दें। यह काम इतनी सूक्ष्मता और चतुराई से करो, कि कोई यह महसूस भी न कर सके आप ऐसा कुछ कर रहे हैं। अलेक्जेंडर पोप द्वारा इसे संक्षेप और स्पष्ट रूप से इस प्रकार व्यक्त किया गया था:

> "लोगों को ऐसे सिखाएं, जैसे कि आप उन्हें कुछ सिखा न रहे हों और नए विचारों को पुराने और विस्मृत विचारों की तरह पेश किया जाए।"

सुकरात ने एथेंस में अपने अनुयायियों से बार-बार कहा:

> मैं केवल एक ही बात जानता हूं और वह यह है कि मैं कुछ नहीं जानता।

बहरहाल, मैं स्वयं के सुकरात से ज्यादा होशियार होने की उम्मीद तो नहीं कर सकता, इसलिए मैंने लोगों को यह बताना बंद कर दिया है कि वे गलत हैं। और मुझे इसका लाभ भी महसूस हुआ है।

अगर कोई व्यक्ति ऐसा बयान देता है जो आपकी नजर में गलत हो - बल्कि आप अच्छी तरह से जानते हों कि वह गलत है - तब भी क्या अपनी बात को इस तरह रखना बेहतर नहीं होगा: "अच्छा, अब इस तरह से देखो। मुझे कुछ और लगता है, हालाकि मैं गलत भी हो सकता हूं। मैं अक्सर ऐसा लगता हूँ। और अगर मैं गलत हूँ, तो मैं सही बात जानना चाहता हूँ। आओ, सही तथ्यों की पड़ताल करें।'

इस तरह के वाक्यांशों में जादूई सकारात्मकता है: 'मैं गलत हो सकता हूं, मैं अक्सर गलत होता हूं। आओ, सही तथ्यों की पड़ताल करें।'

आकाश, धरती या पाताल में ऐसा कोई भी न होगा जो आपके इस कथन पर आपत्ति करेगा: 'मैं गलत हो सकता हूं। आओ, सही तथ्यों की पड़ताल करें।'

आप यह स्वीकार करने से कभी परेशानी में नहीं पड़ेंगे कि आप गलत हो सकते हैं। इससे सभी बहसों पर विराम लग जाएगा और यह आपके प्रतिद्वंद्वी को निष्पक्ष, खुले और व्यापक विचारों वाला बनने के लिए प्रेरित करेगा। यह उसे ऐसा मानने के लिए प्रोत्साहित करेगा कि वह भी गलत हो सकता है।

मैंने एक बार अपने घर के पर्दे बनवाने के लिए एक इंटीरियर डेकोरेटर से संपर्क किया। जब उसने मुझे बिल थमाया तो मैं आश्चर्यचकित था।

कुछ दिनों बाद मेरा एक दोस्त आया और उसने पर्दे देखे। मैने उसे पर्दों की कीमत बतायी, और उसने आश्चर्यचकित होते

हुए कहा: 'क्या? यह तो बहुत ज्यादा है। ऐसा लगता है कि एक पर्दा उसने आपकी समझ पर डाल दिया है।'

क्या यह सच है? यकीनन, उसने सच कहा था, लेकिन बहुत कम लोग ही अपने निर्णय के विपरीत सच सुनना पसंद करते हैं।

इसलिए, एक आम इंसान होने के नाते, मैंने अपना बचाव करने की कोशिश की। इस तरह तो सबसे अच्छा वही कहा जाएगा जो सबसे सस्ता है, परंतु मोलभाव और सौदेबाजी में गुणवत्ता और कलात्मकता की उम्मीद नहीं की जा सकती,..... मैंने इसी तरह के अनेक तर्क दिए।

अगले दिन एक दूसरी मित्र मेरे घर आयीं, उन्होंने पर्दों को देखकर भूरि-भूरि प्रशंसा की और यह इच्छा व्यक्त की कि वे भी अपने घर में ऐसे ही पर्दे लगावाना चाहेंगी। मेरी प्रतिक्रिया पूरी तरह से अलग थी। मैंने कहा, 'सच कहूँ तो मैंने कुछ ज्यादा ही महंगे पर्दे लगवा लिए हैं, जो मेरी जेब पर भारी पड़े हैं। मैंने जरूरत से ज्यादा खर्च कर दिया। मुझे अफसोस है कि मैंने इतने महंगे पर्दे लगवाये।'

जब हम गलत होते हैं तो स्वयं ही स्वीकार कर सकते हैं। और यदि हमारे साथ सौम्यता और समझदारी से व्यवहार किया जाये, तो हम दूसरों के सामने भी स्वीकार कर सकते हैं और यहाँ तक कि अपनी स्पष्टवादिता और दिमागी खुलेपन पर गर्व भी कर सकते हैं। लेकिन अगर कोई दूसरा व्यक्ति हमें जबरदस्ती गलत साबित करने की कोशिश करता है, तो हम ऐसा नहीं करेंगे।

अमरीका के सबसे प्रसिद्ध संपादक होरेस ग्रीले, सिविल युद्ध के समय लिंकन की नीतियों से हिंसक रूप से असहमत थे। उनका मानना था कि वे बहस, उपहास और अपशब्दों के द्वारा लिंकन को उनसे सहमत होने के लिए मजबूर कर सकते हैं। उन्होंने महीने दर महीने, साल दर साल यह कटुतापूर्ण अभियान

चलाया। वास्तव में, जिस रात बूथ ने उन्हें गोली मारी थी, उसी रात उन्होंने अपने समाचार पत्र में राष्ट्रपति लिंकन पर एक क्रूर, कड़वा, व्यंग्यात्मक और व्यक्तिगत हमला किया था।

लेकिन क्या इतनी कड़वाहट के बाद लिंकन, ग्रीले से सहमत हुए? बिल्कुल नहीं। उपहास और गाली से ऐसा कभी नहीं होगा।

मार्टिन लूथर किंग से पूछा गया था कि आखिर कैसे उनके जैसा एक शांतिवादी व्यक्ति एयरफोर्स जनरल डेनियल 'चौपी' जेम्स का प्रशंसक हो सकता है, जो उस समय देश के सबसे उच्च पद पर आसीन अश्वेत अधिकारी थे। डॉ. मार्टिन लूथर किंग ने उत्तर दिया, 'मैं लोगों का मूल्यांकन उनके अपने सिद्धांतों के आधार पर करता हूं - अपने सिद्धांतों के आधार पर नहीं।'

दूसरे शब्दों में कहें तो अपने ग्राहक या जीवनसाथी या विरोधी से कभी बहस न करें। उन्हें यह मत बताइये कि वे गलत हैं, उन्हें आक्रोशित मत कीजिए। थोड़ी सी कूटनीति का प्रयोग करें।

नियम 2: कभी भी दूसरे व्यक्ति को यह न बताएं, 'आप गलत हैं।'

इस पर विचार न करें कि कौन सही है और कौन गलत, या कौन बेहतर है। किसी के पक्ष या विपक्ष में न रहें।

—ब्रूस ली

कोई भी मूर्ख आलोचना, निंदा और शिकायत कर सकता है -और अधिकांश मूर्ख ऐसा ही करते हैं।

—डेल कार्नेगी

3
यदि आप गलत हैं, तो स्वीकार कीजिए

मेरे घर से मिनट भर की दूरी पर एक जंगल था, जिसमें तरह-तरह के पेड़ और झाड़ियाँ थीं और बसंत के मौसम में उनमें सुंदर फूल खिला करते थे। उन पेड़ों पर गिलहरियां अपने घोंसलों में बच्चों को पालती थीं। बरसात के मौसम में घास कई फुट ऊँची हो जाती थी। यह अनछुआ वन, फॉरेस्ट पार्क के नाम से जाना जाता था - और यह जंगल लगभग अपने उसी रूप में था, जैसा कोलंबस की अमेरिका यात्रा के समय था। मैं अक्सर अपने छोटे से बॉस्टन बुलडॉग 'रेक्स' के साथ इस पार्क की सैर किया करता था। वह एक दोस्ताना, सीधा-साधा छोटा सा कुत्ता था; और चूंकि हमें जंगल में शायद ही कभी कोई मिला हो, इसलिए मैं रेक्स को बिना पट्टे या थूथन के ले जाता था।

एक दिन हमें पार्क में एक घुड़सवार पुलिसवाला मिला, जो अपने अधिकार का प्रदर्शन करने के लिए उतावला था।

"थूथन और पट्टे के बिना तुम कुत्ते को पार्क में कैसे टहला रहे हो?" 'उसने मुझे फटकार लगाई।' क्या तुम नहीं जानते कि यह कानून के खिलाफ है?

मैंने धीरे से उत्तर दिया, 'जी हाँ, मुझे पता है, लेकिन मुझे नहीं लगता कि वह यहाँ किसी तरह का नुकसान करेगा।'

'तुम्हें नहीं लगता! तुम्हें नहीं लगता! कानून की नजर में इस बात की कोई अहमियत नहीं है कि तुम्हें क्या लगता है और क्या नहीं। यह कुत्ता किसी गिलहरी को मार सकता है या किसी बच्चे को काट सकता है। ''इस बार तो मैं तुम्हें माफ कर रहा हूँ; लेकिन अगली बार अगर मुझे यह कुत्ता को बिना थूथन और पट्टे के यहां मिला तो तुम्हें जज के समक्ष सफाई देनी होगी।''

मैंने विनम्रतापूर्वक आज्ञा पालन करने का वादा किया।

और मैंने कुछ समय के लिए इस आज्ञा का पालन भी किया। लेकिन रेक्स को थूथन पसंद नहीं आया, और न ही मुझे; इसलिए हमने एक और बार जोखिम उठाने का फैसला किया। कुछ समय तक सब ठीक चलता रहा, फिर एक बाधा आ गई। एक दोपहर मैं और रैक्स पहाड़ की चोटी पर टहल रहे थे। तभी अप्रत्याशित रूप से मैंने उस कानून के रक्षक को एक भूरे घोड़े पर सवार देखा। रैक्स सीधे उस कानून के रक्षक की ओर बढ़ रहा था।

जल्द ही मैं भी उस घुड़सवार के सामने था। मुझे परिणाम पता था। इसलिए मैंने उस पुलिसकर्मी द्वारा कुछ कहने के पूर्व ही बोलना शुरू कर दिया। मैंने कहा: 'साहब, आपने मुझे रंगे हाथों पकड़ लिया है। मैं दोषी हूँ। मेरे पास कोई दलील या बहाना नहीं है। आपने पिछले सप्ताह मुझे चेतावनी दी थी कि अगर मैं बिना थूथन के फिर से कुत्ते को यहाँ लेकर आया तो आप मुझे सबक सिखायेंगे।'

पुलिसकर्मी ने नरम स्वर में जवाब दिया, 'बहरहाल, अब,' 'मुझे पता है कि आपके मन में यह लालसा रहती होगी कि जब कोई व्यक्ति आसपास नहीं हो, तब इस छोटे से कुत्ते को यहां मुक्त रूप से टहलाने लाया जाये।'

मैंने उत्तर दिया, 'निश्चित रूप से मेरे मन में यह लालसा रहती है, लेकिन यह कानून के खिलाफ है।'

पुलिसकर्मी ने प्रतिक्रिया दी, "अरे, यह छोटा कुत्ता किसी को क्या नुकसान पहुंचाएगा।"

मैंने कहा, 'नहीं, यह गिलहरी मार सकता है।'

यह सुनकर उसने कहा, 'बहरहाल, मुझे लगता है कि आप इसे कुछ ज्यादा ही गंभीरता से ले रहे हैं।'

'मैं बताता हूँ कि आपको क्या करना चाहिए। आप बस उसे उस पहाड़ के पार भागने दीजिए, जहाँ मेरी उसपर नजर नहीं जायेगी - और हम इसे भूल जाएंगे।

इंसान होने के नाते वह पुलिसवाला महत्व पाने की भावना से ओतप्रोत था; इसलिए जब मैं स्वयं की निंदा करने लगा, तब उसके पास अपना महत्त्व दिखाने का एकमात्र तरीका दया दिखाना ही था।

लेकिन मान लीजिए कि मैंने स्वयं को बचाने की कोशिश की होती - क्या आपने कभी किसी पुलिस अधिकारी के साथ बहस की है?

लेकिन उससे भिड़ने या बहस करने के बजाय, मैं मान गया कि वह पूरी तरह से सही था और मैं पूरी तरह से गलत; मैंने इसे तत्काल, स्पष्ट रूप से और उत्साहपूर्वक स्वीकार कर लिया। तो यह विषय बिना किसी विवाद के समाप्त हुआ, जिसमें मैं उसकी ओर से बोला और वह मेरी ओर से। इस घुड़सवार पुलिसवाले जितने विनम्र तो शायद स्वयं लॉर्ड चौस्टरफील्ड भी न होते, जबकि सिर्फ एक सप्ताह पहले ही वह मुझे कानून के नाम पर धमकी दे चुका था।

अगर यह पता चल जाये कि हमें डांट पड़ने वाली है, तो क्या यह बेहतर नहीं होगा कि यह काम हम स्वयं ही कर लें?

दूसरों के मुख से भर्त्सना या निंदा सुनने से बेहतर क्या यह नहीं होगा कि आत्म आलोचना कर ली जाये?

अपने बारे में वे सभी अपमानजनक बातें कहें जो संभवतः दूसरा व्यक्ति सोच रहा है या कहना चाहता है या कहने का इरादा रखता है और उस व्यक्ति के बोलने से पहले ही आप कह दें। यह संभव है कि आपकी गलतियों को माफ कर दिया जाए या उन्हें कम करके देखा जाए, जैसा कि उस घुड़सवार पुलिस वाले ने मेरे और रेक्स के साथ किया।

वाणिज्यिक कलाकार फर्डिनैंड ई. वॉरेन चिड़चिड़े और तुनकमिजाज चित्रकला खरीददार का दिल जीतने के लिए इस तकनीक का उपयोग किया करते थे।

श्री वॉरेन ने कहानी सुनाते हुए कहा, 'विज्ञापन और प्रकाशन दोनों ही उद्देश्यों के लिए चित्र बनाने में आपका सटीक और अचूक होना महत्वपूर्ण है।'

'कुछ कला संपादकों की यह मांग होती है कि उनके कमीशन का तुरंत भुगतान किया जाए; और इन मामलों में, थोड़ी बहुत त्रुटि होने की संभवना होती है। मैं एक ऐसे कला निर्देशक को जानता था जिन्हें छोटे -छोटे नुस्ख निकालने में मजा आता था। मैं अक्सर उनके कार्यालय से खीजता हुआ बाहर आया हूँ, उनकी आलोचना के कारण नहीं, बल्कि उनके हमले के तरीके के कारण। हाल ही में मैंने इस संपादक को एक समयबद्ध काम सौंपा था, और उन्होंने मुझे तुरंत अपने कार्यालय आने के लिए फोन किया। उन्होंने जो कहा वह गलत था। जब मैं उनके पास पहुँचा तो, जैसा कि अंदेशा था, मैंने वैसा ही पाया-और भयभीत हो गया। उनका रवैया शत्रुतापूर्ण था, और वे आलोचना करने का अवसर पाकर खुश थे। उन्होंने गुस्से में प्रश्नों की झड़ी लगा दी। मैं जिस आत्म-आलोचना के बारे में पढ़ाई कर

रहा था, अब उसे लागू करने का मौका आ गया था। तो मैंने कहा: ''मिस्टर फलाने-ढिकाने सा, अगर आपकी बात सच है, तो यह सरासर मेरी गलती है और मेरे पास इसके लिए कोई बहाना नहीं है। मैं काफी लंबे समय से आपके लिए चित्र बना रहा हूं, इसलिए मुझे खुद पर शर्म आ रही है।

यह सुनकर वे तत्काल मेरे पक्ष में बोलने लगे, ''हाँ, तुम सही कह रहे हो, लेकिन इसे कोई बहुत गंभीर गलती नहीं कहा जा सकता। यह तो बस.......

मैंने उन्हें टोका। मैंने कहा, ''कोई भी गलती महंगी पड़ सकती है और मुझे इससे चिढ़ होती है।''

वे बीच में बोलने लगे, लेकिन मैंने उन्हें बोलने नहीं दिया। मुझे मजा आ रहा था।

जीवन में पहली बार, मैं अपनी आलोचना कर रहा था - और मुझे बहुत मजा आ रहा था।

''मुझे और अधिक सावधानी बरतनी चाहिए थी,'' मैंने बोलना जारी रखा। ''आप मुझे बहुत काम देते हैं और आप बेहतर कार्य पाने के हकदार हैं; इसलिए मैं इस ड्राइंग को फिर से बनाने वाला हूँ।''

''नहीं! नहीं!'' उन्होंने मना किया। ''मैं तुम्हें परेशानी में नहीं डालना चाहता।'' उन्होंने मेरे काम की प्रशंसा की, और मुझे आश्वासन दिया कि उन्हें महज एक मामूली सा बदलाव चाहिए और यह भी कहा कि मेरी जरा सी गलती से उनकी फर्म को कोई विशेष आर्थिक हानि नहीं हुई है; इसलिए चिंता करने की कोई बात नहीं है।

''मैंने स्वयं की आलोचना करके उसकी लड़ाई कमजोर कर दी थी।'' फिर वे मुझे दोपहर भोज पर ले गये; और अलविदा कहने के पूर्व उन्होंने मुझे चेक और कमीशन दिया।'

अपनी गलतियों को स्वीकार करने के साहस से कुछ हद तक संतोष प्राप्त होता है। जब हम खुद की गलतियों को स्वीकार करते हैं, तो हम आत्मरक्षा और अपराधबोध की भावना से मुक्त हो जाते हैं, और इससे उत्पन्न समस्याओं को हल करने में मदद मिलती है।

हांगकांग में हमारे शिक्षक माइकल च्युंग ने बताया है कि चीनी संस्कृति कुछ विशेष समस्याओं को प्रस्तुत करती है और कभी-कभी हमें यह भी समझना चाहिए कि एक पुरानी परंपरा को बचाने की बजाय किसी सिद्धांत का उपयोग करने से ज्यादा फायदा हो सकता है। उनके नजदीक एक अधेड़ आयु का सदस्य था जिसने कई वर्ष पूर्व अपने पुत्र से नाता तोड़ लिया था। उनके पिता किसी जमाने में अफीम के आदी हुआ करते थे, लेकिन अब ठीक हो गए थे। चीनी परंपरा में वृद्ध व्यक्ति पहल नहीं कर सकता। पिता ने महसूस किया कि सुलह की दिशा में पहल करना उनके बेटे पर निर्भर था। शुरुआती सत्र में, उन्होंने कक्षा को अपने अनदेखे पोतों और उनसे मिलने की तीव्र इच्छा के बारे में बताया ।उनके सभी चीनी सहपाठियों ने उनकी इच्छा और दीर्घकालीन परंपरा के बीच के उनके संघर्ष को समझा। पिता ने महसूस किया कि युवाओ को बुजुर्गों का सम्मान करना चाहिए और यहकि अपनी इच्छा को त्यागने के बजाए अपने बेटे के आगमन की प्रतीक्षा में वे सही थे।

पाठ्यक्रम के अंत में पिता ने फिर से अपनी कक्षा को संबोधित किया। उन्होंने कहा, 'मैंने इस समस्या पर विचार किया है।'

डेल कार्नेगी कहते हैं, "यदि आप गलत हैं, तो इसे जल्दी और स्पष्ट रूप से स्वीकार करें।" इसे जल्दी स्वीकार करने के लिए मुझे बहुत देर हो चुकी है, लेकिन मैं इसे स्पष्ट रूप से स्वीकार कर सकता हूं।

मैंने अपने बेटे के साथ गलत किया है।

मुझे अपनी जिंदगी से बेदखल करने और मुझसे न मिलने में वह पूरी तरह सहीं था। हो सकता है कि अपने से छोटी उम्र के व्यक्ति से क्षमा माँगने मुझे शर्मिंदगी हो, लेकिन गलती मेरी थी तो इसे स्वीकार करना भी मेरी जिम्मेदारी है। कक्षा ने तालियाँ बजाकर उन्हें अपना पूरा समर्थन दिया। अगली कक्षा में उन्होंने बताया कि वह कैसे अपने बेटे के घर गये, उससे क्षमा माँगी और अब उन्होंने अपने बेटे, बहू और पोते-पोतियों के साथ एक नए रिश्ते की शुरुआत की है।

आप उस व्यक्ति से क्या कह सकते हैं जिसने आपके साथ ऐसा व्यवहार किया हो? यदि हम सही हों, तो हमें लोगों को धीरे-धीरे और चतुराई से अपने विचारों की ओर मोड़ने की कोशिश करनी चाहिए, और यदि हम गलत हों - और आश्चर्यजनक रूप से ऐसा अक्सर होगा - और यदि हम खुद के प्रति ईमानदार हैं, तो हमें अपनी गलतियों को तुरंत और स्पष्ट रूप से स्वीकार करना चाहिए। न केवल यह युक्ति आश्चर्यजनक परिणाम देगी; बल्कि, मानिए या न मानिए, ऐसी परिस्थितियों में स्वयं का बचाव करने की कोशिश की तुलना में यह युक्ति ज्यादा मजेदार है। पुरानी कहावत याद रखें: 'किसी से झगड़ा करने पर हमें जितना मिलता है, वह कभी पूर्ण नहीं होता है। इसके बजाय, उसके समक्ष समर्पण कर देने से आप उम्मीद से अधिक प्राप्त कर सकते हैं।

नियम 3: यदि आप गलत हैं, तो इसे स्वीकार करें।

सत्य हमेशा सबसे मजबूत तर्क होता है।

—सोफोक्लीज

क्या आप जीवन से ऊब गए हैं? अत: अपने आप को किसी काम में पूरी तरह झोंक दें, उसी के लिए जियें और मरें, इससे आप ऐसी खुशी पाएंगे जिसकी आपने कल्पना भी नहीं की होगी।

—डेल कार्नेगी

4
शहद की एक बूँद

यह एक पुरानी और सच्ची कहावत है कि 'कड़वे अर्क की तुलना में शहद की एक बूंद ज्यादा मक्खियों को आकर्षित करती है।' इसलिए यदि आप किसी व्यक्ति को अपने विचार की ओर आकर्षित करना चाहते हैं, तो पहले उसे विश्वास दिलाएँ कि आप उसके सच्चे मित्र हैं। इस उद्धरण के अनुसार, जब हम दूसरों को अपनी बात मानने के लिए राजी करना चाहते हैं, तो हमें सभी के साथ अच्छा व्यवहार करना चाहिए। इससे लोग हमें अधिक पसंद करने लगते हैं और हमारी बातों को समझने के लिए खुले मन से तैयार हो जाते हैं।

डेनियल वेबस्टर एक ऐसे वकील थे जो अपनी बातों से लोगों को ध्यान अपनी ओर खींच लेते थे। उनकी वाणी जैसे ईश्वर की वाणी बन जाती थी; फिर भी, वे अपने सबसे ताकतवर तर्कों की शुरुआत एकदम मित्रवत टिप्पणियों से करते थे, जैसे कि, 'ज्यूरी को इस पर विचार करना होगा', 'शायद यह विचार करने योग्य है', 'मैं आशा करता हूं कि इन तथ्यों को आप नजरअंदाज नहीं करेंगे', या 'मानवीय स्वभाव की समझ के चलते आप इन तथ्यों की महत्ता को आसानी से समझ सकते हैं।' कोई जोर-जबरदस्ती नहीं। कोई दबाव नहीं। दूसरों पर अपनी राय थोपने का कोई प्रयास नहीं। वेबस्टर ने मधुर वाणी, शांत

और दोस्ताना तरीके का उपयोग किया, और इसने उन्हें प्रसिद्ध होने में मदद की।

आपको संभवत: कभी ज्यूरी को संबोधित करने के लिए नहीं बुलाया जाएगा, लेकिन आप अपने घर का किराया अवश्य कम करवाना चाहते होंगे।

क्या इस काम में दोस्ताना रवैया आपकी मदद करेगा? चलो देखते हैं।

ओ.एल. स्ट्रॉब नामक इंजीनियर अपने घर का किराया कम करवाना चाहते थे। और वे जानते थे कि उनका मकान मालिक स्वभाव से कठोर व्यक्ति है। ''मैंने उसे एक पत्र लिखा,'' मिस्टर स्ट्रॉब ने अपनी कक्षा में कहा, ''लीज समाप्त होते ही मैं अपना अपार्टमेंट छोड़ दूंगा।'' सच तो यह था, कि मैं जाना नहीं चाहता था। अगर मेरा किराया कम हो जाता तो मैं वहीं रहना चाहता था। लेकिन स्थिति निराशाजनक लग रही थी। अन्य किरायेदारों ने भी किराया कम करवाने की कोशिश की थी - और विफल रहे थे। सभी ने मुझे बताया कि उस मकान मालिक से निपटना बेहद मुश्किल था। लेकिन मैंने स्वयं से कहा, ''मैं इस समय एक पाठ्यक्रम का अध्ययन कर रहा हूं कि लोगों से कैसे व्यवहार किया जाए, इसलिए मैं इस पाठ्यक्रम को उस पर आजमाऊंगा-और परखूंगा कि यह कितना सफल है।''

'मेरा पत्र मिलते ही वह और उसका सचिव मुझसे मिलने आए। मैं दोस्ताना अभिवादन के साथ उससे दरवाजे पर मुलाकात की। मैं उत्साह और सद्भाव के उफान पर था। मैंने शुरूआत में इस बारे में कोई बात नहीं की कि किराया कितना अधिक था। मैंने अपनी बात यह कहकर शुरू की कि मुझे उसका अपार्टमेंट कितना पसंद आया है। यकीन करें, मैंने मुक्त कंठ से उनकी प्रशंसा की। मैंने उन्हें इस बात के लिए बधाई दी कि

उन्होंने अपनी इमारत की बहुत अच्छी तरह से देखभाल की हुई है और यह कि मैं एक साल और रहना चाहता हूँ, लेकिन मैं इतना किराया नहीं दे पाऊँगा।

'जाहिर है कि उसे किसी किराएदार से ऐसा स्वागत कभी नहीं मिला था। वह ऐसी स्थिति के लिए तैयार नहीं था।

'फिर उसने मुझे अपनी मुसीबतें बतानी शुरू की। शिकायत करने वाले किरायेदार। एक किरायेदार ने तो उसे चौदह पत्र लिखे थे, जिनमें से कुछ बेहद अपमानजनक थे। दूसरे किरायेदार ने उसे धमकी दी थी कि अगर उसने उसे ऊपरी मंजिल पर रहने वाले आदमी के खर्राटों से निजात नहीं दिलाई तो वह अनुबंध तोड़ देगा। उन्होंने मुझसे कहा, "तुम्हारे जैसा संतुष्ट किरायेदार का होना कितनी राहत की बात है," और फिर, मेरे कहे बिना ही उसने मेरा किराया थोड़ा सा कम करने की पेशकश की। मैं थोड़ी और रियायत चाहता था, इसलिए मैंने उसे एक निश्चित रकम देने का प्रस्ताव दिया, और उसने बिना एक शब्द कहे मेरा प्रस्ताव स्वीकार कर लिया।

जाते समय उसने मेरी ओर मुड़कर पूछा, 'कहो तो तुम्हारे लिए घर की सजावट करा दूँ?'

'यदि मैंने अन्य किरायेदारों की तरह किराए को कम कराने की कोशिश की होती, तो मुझे पूरा यकीन है कि मुझे भी उनकी ही तरह असफलता का सामना करना पड़ता। मेरे मैत्रीपूर्ण, सकारात्मक और सराहना भरे तरीके ने मुझे सफलता दिलायी।'

कुछ साल पहले, जब मैं नंगे पैर नॉर्थवेस्ट मिसूरी के एक गांव के स्कूल में पढ़ने जाया करता था, तब मैंने सूरज और हवा के बारे में एक कहानी पढ़ी थी। उन दोनों के बीच इस बात को लेकर झगड़ा था कि दोनों में से कौन अधिक बलवान है। हवा ने कहा, 'मैं यह साबित कर सकती हूँ कि मैं ही

अधिक बलवान हूं। तुम्हें वह कोट पहने हुए बूढ़ा आदमी दिखायी दे रहा है? मैं शर्त लगाती हूँ कि मैं उसका कोट तुमसे जल्दी उतरवा सकती हूँ।'

यह सुनकर सूरज एक बादल के पीछे चला गया, और हवा अपने पूरे वेग से चलने लगी। इतनी तेज कि हवा का एक बवंडर बन गया। लेकिन हवा जितना जोर से बह रही थी, वह बूढ़ा व्यक्ति उतनी ही जोर से कोट को जकड़े रहा।

अंत में, हवा शांत हो गई और उसने हार मान ली। इसके बाद सूरज बादलों के पीछे से निकला और उस बूढ़े आदमी को देखकर मुस्कुराया। उसने अपने माथे पर से पसीना पोंछा और अपना कोट उतार दिया। इसके बाद सूरज ने हवा से कहा कि क्रोध और ताकत की तुलना में विनम्रता और मित्रता हमेशा ही अधिक मजबूत होती है।

जो लोग यह समझ जाते हैं कि 'कड़वे अर्क की तुलना में शहद की एक बूंद ज्यादा मक्खियों को आकर्षित करती है।', वे अपनी रोजमर्रा की बातचीत में विनम्रता और मित्रतापूर्ण शैली का प्रयोग करते हैं।

यूनान में क्रोसस के दरबार में एसोप नाम का एक गुलाम रहता था, जिसने ईसा से 600 वर्ष पहले अनेक अमर कहानियों की रचना की थी। फिर भी मानव स्वभाव के बारे में उन्होंने जो बातें लिखी थीं, वे 26 सदियां गुजरने के बाद भी आज बोस्टन और बर्मिंघम में उतनी ही सत्य हैं जितना उस समय एथेंस में थी। सूरज, हवा की तुलना में कहीं अधिक तेजी से आपको अपना कोट उतारने को मजबूर कर सकता है; और शोरगुल और तूफानों की तुलना में विनम्रता, मैत्रीपूर्ण दृष्टिकोण और प्रशंसा लोगों को उनकी सोच बदलने के लिए प्रेरित कर सकती है।

नियम 4: दोस्ताना तरीके से शुरुआत करें।

प्रतिकूल स्थितियों के बिना कोई प्रगति नहीं होती है।
आकर्षण और विकर्षण, तर्क और ऊर्जा, प्रेम और घृणा,
मानव अस्तित्व के लिए आवश्यक हैं।

—विलियम ब्लेक

बेहतर हो या बदतर, जीवन के इस ऑर्केस्ट्रा में
आपको अपना साज खुद ही बजाना होता है।

—डेल कार्नेगी

5
सुकरात का रहस्य

लोगों से बात करते समय उन बातों से चर्चा की शुरुआत न करें जिन पर आपकी असहमति हैं। जिन बातों पर आपकी सहमति है- उन्हीं बातों पर जोर देकर अपनी बात शुरू करें और जोर देते रहें। यदि संभव हो, तो यह सुनिश्चित करें कि आप दोनों एक ही लक्ष्य की प्राप्ति के लिए प्रयासरत हैं और जो भी अंतर है, वह केवल तरीके का है, उद्देश्य का नहीं।

आरंभ में सामने वाले व्यक्ति से केवल 'हां, हां' ही कहलवाएं। यदि संभव हो तो उसे 'नहीं' कहने से रोकें।

एक कुशल वक्ता को शुरुआती प्रतिक्रिया में अनेक 'हां' मिलते हैं। यह सुनने वालों को सकारात्मक दिशा में ले जाने के लिए मनोवैज्ञानिक रूप से तैयार करता है। यह बिलियर्ड बॉल के इधर-उधर जाने की तरह है। गेंद को एक दिशा में भेजने के लिए कुछ बल लगाना पड़ता है, और इसे वापस उसी दिशा में भेजने के लिए उससे अधिक बल लगाना होता है।

सकारात्मक प्रतिक्रिया वाली यह तकनीक बहुत सरल है। ''फिर भी, इस तकनीक को कितना अनदेखा किया जाता है! प्राय: ऐसा लगता है कि लोग दूसरों के विरोध में खड़े होकर अपने महत्वपूर्ण होने का एहसास करते हैं।''

किसी छात्र, ग्राहक, बच्चे, पति या पत्नी से शुरुआत में

'नहीं' सुनने के बाद उस टकराव भरे 'ना' को 'हां' में बदलने के लिए दैवीय शक्ति, समझदारी और सब्र की आवश्यकता होती है।

ओकलैंड, कैलिफोर्निया में हमारे पाठ्यक्रमों के प्रायोजक एडी स्नो बताते हैं कि कैसे वे एक दुकान के अच्छे ग्राहक बन गये थे, क्योंकि उस दुकान के मालिक ने हमेशा ही उसे 'हाँ' कहने को विवश किया था।

एडी को धनुष से शिकार करने का शौक हो गया था और उसने एक स्थानीय दुकान से धनुष, उपकरण और अन्य सामग्रियां खरीदने में काफी पैसा खर्च किया था। एकबार जब उनका भाई उनसे मिलने आने वाला था तो वे उस दुकान से उसके लिए धनुष किराए पर लेना चाहते थे। उस दुकान के विक्रेता क्लर्क ने बताया कि वे किराए पर धनुष नहीं देते हैं, तो एडी ने दूसरी दुकान को फोन किया। एडी ने बताया कि क्या हुआ:

'एक बेहद सज्जन व्यक्ति ने फोन पर जवाब दिया। किराये के मेरे सवाल पर उसकी प्रतिक्रिया अन्य जगहों से बिल्कुल अलग थी। उसने कहा कि उसे यह बताते हुए खेद है, कि वे धनुष को किराए पर नहीं देते, क्योंकि उनके लिए ऐसा करना व्यावहारिक नहीं है। फिर उसने मुझसे पूछा कि क्या मैंने पहले कभी धनुष किराए पर लिया था। मैंने जवाब दिया, "हाँ, कई साल पहले।" उसने मुझे याद दिलाया कि मैंने शायद किराये के लिए 25 से 30 डॉलर का भुगतान किया था। मैंने फिर से "हाँ" कहा। फिर उसने मुझसे पूछा कि क्या मैं उस तरह का व्यक्ति हूं जिसे पैसों की बचत करना पसंद है। "यकीनन", मैंने उत्तर दिया। उसने बताया कि उसके पास सभी आवश्यक उपकरणों के साथ धनुष का सैट 34.95 डॉलर में बिक्री के लिए उपलब्ध था।" किराए पर लेने के बजाए, केवल 4.95 डॉलर अधिक खर्च करके मैं पूरा सेट खरीद सकता हूँ।" उसने

बताया कि इसीलिए उसने किराए पर देना बंद कर दिया था। क्या मेरी राय में वह सही था? मेरे "हाँ" कहने से उस सेट की खरीदारी का मार्ग प्रशस्त हुआ, और मैंने इसके साथ उस दुकान से कई और सामान भी खरीदे और तब से मैं उस दुकान का नियमित ग्राहक बन गया।'

सुकरात, जिन्हें 'एथेंस के गैडफ्लाई' के नाम से भी संबोधित किया जाता था, दुनिया के सबसे महान दार्शनिकों में से एक थे। सुकरात ने वह काम किया जो इतिहास में कुछ ही लोगों ने किया है: उन्होंने मनुष्य के विचारों को प्रभावित किया; और उनकी मृत्यु की 24 सदियों बाद भी उन्हें दुनिया के सबसे बुद्धिमान लोगों में से एक माना जाता है जिसने कभी इस विवादों से भरी दुनिया को प्रभावित किया था।

उनकी तकनीक क्या थी? क्या उन्होंने लोगों से कहा कि वे गलत थे? नहीं, सुकरात ऐसा नहीं करते थे। वे अपने काम में बहुत कुशल थे। उनकी तकनीक, जिसे अब 'सुकरात पद्धति' कहा जाता है, लोगों से 'हाँ' प्रतिक्रिया प्राप्त करने पर आधारित थी। उन्होंने ऐसे सवाल पूछे जिससे उनके विरोधी को भी सहमत होना पड़ा। वे एक से बाद एक सकारात्मक प्रतिक्रियाएं प्राप्त करते रहे, जब तक कि उनके पास अनेक सकारात्मक प्रतिक्रियाएं नहीं हो गईं। वे तब तक अपने प्रश्नों के उत्तर माँगते रहे, जब तक कि उनके विरोधी उस नतीजे को स्वीकार करने पर मजबूर नहीं हो गए, जिसे कुछ ही मिनटों पहले तक वे ठुकरा रहे थे।

अगली बार जब हम किसी को यह बताने के लिए उतावले हो कि वह गलत है, तो उस पुराने सुकरात को याद करें और एक सरल सा प्रश्न पूछें- एक ऐसा प्रश्न जिसका उत्तर 'हाँ' हो।

नियम 5: आप दूसरे व्यक्ति को तुरंत आपसे सहमत होने के लिए उकसाएं।

आमने-सामने के टकराव के
बिना कोई प्रगति नहीं हो सकती।

—क्रिस्टोफर हिचेन्स

विफलताओं से सफलता प्राप्त करें। निराशा और
असफलता, सफलता की दो निश्चित सीढ़ियां हैं।

—डेल कार्नेगी

6

शिकायतों से निपटने में सुरक्षा वाल्व

अधिकतर लोग दूसरों को अपने विचारों से सहमत करने के लिए बहुत ज्यादा बोलते हैं। इसके बजाए सामने वाले व्यक्ति को स्वयं ही बात करने दें। वे अपने व्यवसाय और समस्याओं के बारे में आपसे अधिक जानते हैं।

तो उनसे सवाल पूछो। उन्हें आपसे कुछ बातें करने दीजिए।

यदि आप उनसे असहमत हैं तो उन्हें बीच में टोकने के लिए उत्सुक हो सकते हैं। लेकिन ऐसा मत कीजिए। यह खतरनाक है। जब तक उनके पास अपने विचारों को व्यक्त करने के लिए सामग्री होगी, वे आपकी ओर ध्यान नहीं देंगे। तो धैर्यपूर्वक और खुले दिमाग से सुनें। इस बारे में ईमानदार रहें। उन्हें अपने विचारों को पूरी तरह से व्यक्त करने के लिए प्रोत्साहित करें।

दूसरे व्यक्ति को बोलने देना परिवार समस्याओं और व्यवसाय में भी मददगार साबित होता है। बार्बरा विल्सन के अपनी बेटी लॉरी के साथ संबंध तेजी से खराब हो रहे थे। लॉरी एक शांत और सीधी-सादी बच्ची हुआ करती थी, जो अब एक असहयोगी और झगड़ालू किशोरी में बदल गई थी। श्रीमती विल्सन ने उसे डांटा, बातें सुनायीं, सजा दी, लेकिन कोई फ़र्क नहीं पड़ा।

एक दिन श्रीमती विल्सन ने कक्षा में बताया कि उन्होंने सारे प्रयास करके देख लिए और अब वे हार मान चुकीं हैं। लॉरी ने मेरी बात नहीं मानी और अपनी पढ़ाई पूरी करने के पहले ही अपनी दोस्त के साथ रहने के लिए घर से निकल गयी। जब वह वापस लौटी तो मैं हमेशा की ही तरह उस पर चिल्लाने वाली थी, लेकिन मेरे पास ऐसा करने की ताकत नहीं बची थी।

मैंने बस उसकी तरफ देखा और उदास होकर पूछा, ''क्यों, लॉरी, क्यों?

लॉरी ने मेरी हालत पर ध्यान देते हुए शांत स्वर में पूछा, ''क्या तुम सच में जानना चाहती हो? मैंने हामी भरते हुए सिर हिलाया और लॉरी ने मुझे झिझकते हुए बताना शुरू किया और फिर उसने सारी बातें बतायी। मैंने कभी उसकी बात ही नहीं सुनी थी। मैं हमेशा उसे कुछ न कुछ करने के लिए टोकती रहती थी। जब वह उसने मुझे अपने विचार और भावनाएँ बतानी चाहीं, मैंने और उसे कोई न कोई आदेश देकर बीच में ही रोक दिया। मुझे यह एहसास होने लगा कि उसे मेरी जरूरत है- एक दबंग माँ के रूप में नहीं, बल्कि एक विश्वासपात्र के रूप में, जिसके पास आकर वह अपने सभी भ्रमों का हल प्राप्त कर सके। जिस समय मुझे उसकी बातें सुननी चाहिए थी, उस समय मैं लगातार बोलती रहती थी। मैंने कभी उसे सुना नहीं।

'उस दिन के बाद मैंने उसे कभी नहीं टोका और उसे सारी बातें कहने देने की छूट दी। उसने मुझे बातया कि उसके मन में क्या है, और इससे हमारे रिश्ते में बहुत सुधार हुआ। वह फिर से मिलनसार बन गयी।'

न्यूयॉर्क के एक समाचार पत्र के आर्थिक समाचार पृष्ठ पर असामान्य क्षमता और अनुभव वाले व्यक्ति के लिए एक बड़ा सा विज्ञापन प्रकाशित हुआ। चार्ल्स टी. क्यूबेलिस ने इस विज्ञापन

में दिए नंबर पर आवेदन भेजा। कुछ दिनों बाद, उन्हें साक्षात्कार के लिए आमंत्रित किया गया। साक्षात्कार पर बुलाये जाने से पहले, उन्होंने इस व्यवसाय की स्थापना करने वाले व्यक्ति के बारे में जानने के लिए वॉल स्ट्रीट पर कुछ घंटे बिताए और सारी जानकारी प्राप्त की। उन्होंने साक्षात्कार के दौरान कहा: 'मुझे आपके जैसे रिकॉर्डधारी संगठन के साथ जुड़ने पर गर्व होगा। मैं जानता हूं कि आज से अट्ठाईस साल पहले आपने एक डेस्क रूम और एक स्टेनोग्राफर के साथ यह कारोबार शुरू किया था। क्या यह सच है?

लगभग प्रत्येक सफल व्यक्ति अपने शुरुआती संघर्षों को याद करना पसंद करता है। यह व्यक्ति भी इसका अपवाद नहीं था। उसने इस बारे में देर तक बात की कि कैसे उन्होंने मात्र 450 डॉलर की रकम और एक मूल विचार के साथ अपनी शुरुआत की थी। उन्होंने बताया कि कैसे उन्होंने निराशा और उपहास के खिलाफ संघर्ष किया, रविवार और अवकाश के दिनों काम किया और रोज बारह से सोलह घंटे तक काम किया; किस तरह वे सभी बाधाओं को पार करते हुए इस मुकाम तक पहुंचे, और अब वॉल स्ट्रीट के सबसे महत्वपूर्ण अधिकारी उनके पास जानकारी और मार्गदर्शन प्राप्त करने के लिए आते हैं। उन्हें अपने इस रिकॉर्ड पर गर्व था। उनके पास अपने आप पर गर्व करने की पूरी वजह मौजूद थी, और उन्होने इसके बारे में विस्तार से बताया। अंत में, उन्होंने मिस्टर क्यूबेलिस से उनके अनुभव के बारे में संक्षेप में कुछ प्रश्न पूछे, फिर अपनी कंपनी के वरिष्ठ अधिकारी को बुलाकर कहा: 'मुझे लगता है कि यही वह व्यक्ति है जिसकी हमें तलाश थी।'

मिस्टर क्यूबेलिस ने अपने संभावित नियोक्ता की उपलब्धियों के बारे में जानकारी जुटाने की जहमत उठाई, तथा अपने अलावा

किसी अन्य व्यक्ति और उनकी समस्याओं में दिलचस्पी दर्शायी। उन्होंने दूसरे व्यक्ति को ज्यादा से ज्यादा बोलने के लिए प्रोत्साहित किया- और इस तरह उस पर सकारात्मक प्रभाव डाला।

नियम 6: दूसरे व्यक्ति को ज्यादा बोलने दें।

थोड़ा सा हंसी-मजाक बड़े से
बड़े मतभेद को दूर कर देता है।

—रॉबर्ट मैकी

7
सहयोग कैसे प्राप्त करें

क्या आपको अन्य लोगों के द्वारा दिए गए या फिर सुझाये गए विचारों की तुलना में स्वयं के द्वारा खोजे गए विचारों पर अधिक विश्वास नहीं होता है? यदि ऐसा है तो क्या दूसरों के ऊपर अपनी राय थोपना बुरी बात नहीं है? तो क्या किसी को मात्र सुझाव देना और उस व्यक्ति को स्वयं निष्कर्ष निकालने देना समझदारी नहीं है?

मेरे एक छात्र और फिल्डेल्फिया के एक ऑटोमोबाइल शोरूम के विक्रय प्रबंधक एडॉल्फ सेल्ट्ज को ऑटोमोबाइल सेल्समैन के एक हतोत्साहित और असंगठित समूह को उत्साहित करने की स्थिति का सामना करना पड़ा। उन्होंने एक बैठक बुलाकर विक्रय कार्यों में लगे सेल्समैन से आग्रह किया कि स्पष्ट शब्दों में बताएं कि वे उनसे क्या अपेक्षा करते हैं। उनकी बात सुनते-सुनते उन्होंने ब्लैकबोर्ड पर अपने विचार लिखे। इसके बाद उन्होंने कहा: 'मैं आपको वे सभी गुण दूंगा जिनकी आप मुझसे अपेक्षा करते हैं। लेकिन अब मैं चाहता हूं कि आप मुझे यह बताएं कि मुझे आपसे क्या - क्या अपेक्षा रखने का अधिकार है।' उन्हें तुरंत उत्तर प्राप्त हुआ: वफादारी, ईमानदारी, पहल, आशावाद, टीम वर्क, आठ घंटे तक पूरे उत्साह के साथ काम। इस तरह एक नए उत्साह और प्रेरणा के साथ बैठक समाप्त

हुई- एक सेल्समैन ने तो स्वेच्छा से दिन में चौदह घंटे काम किया- और मि. सेल्ट्ज ने मुझे बताया कि कंपनी के विक्रय आंकड़ों में अभूतपूर्व वृद्धि देखी गयी।

पच्चीस शताब्दी पूर्व, चीनी दार्शनिक लाओ-त्से ने जो बातें कही थीं, उसे इस पुस्तक के पाठक आज भी उपयोग कर सकते हैं:

नदियों और समुद्रों को सैकड़ों पर्वत धाराओं का आदर इसलिए प्राप्त होता है क्योंकि उनका भूस्तर नीचे रहता है। और इस तरह सभी पर्वतीय धाराओं पर उनका शासन चलता है। संत या दार्शनिक सामान्य जनमानस से ऊपर होना चाहते हुए भी उनसे नीचे रहते हैं और उनसे आगे खड़े होना चाहते हुए भी उनसे पीछे नजर आते हैं। इससे उन्हें लोगों के बीच सम्मान प्राप्त होता है। इस प्रकार, जो व्यक्ति अपनी स्थिति को ऊपर उठाता है, लोगों को उसका भार महसूस नहीं होता है। उसे सामने पाकर भी लोगों को उससे कोई अपमान महसूस नहीं होता।

नियम 7: दूसरे व्यक्ति को विचार का स्वामित्व दें।

बहस के द्वारा, आप नकारात्मकता को उत्प्रेरित करते हैं;
और एक बार उस राह पर चलना शुरू कर दिया जाए तो
कौन परिणाम की भविष्यवाणी कर सकता है?

—सी.एस. लुईस

पहले कठिन काम करें। सरल काम अपने आप हो जायेंगे।

—डेल कार्नेगी

8
जादुई सूत्र

याद रखें कि अन्य लोग पूरी तरह से गलत हो सकते हैं। लेकिन वे ऐसा नहीं मानते हैं। उनकी निंदा न करें। कोई भी मूर्ख ऐसा कर सकता है। उन्हें समझने की कोशिश करें। बुद्धिमान, सहिष्णु, असाधारण लोग भी ऐसा करने की कोशिश करते हैं।

व्यक्ति के विचारों और कार्यों के पीछे कोई न कोई कारण अवश्य होता है। यदि आप उस व्यक्ति के कार्यों के पीछे के कारण को खोज निकालते हैं, तो शायद आप उसके व्यक्तित्व के बारे में जान सकते हैं।

ईमानदारी से स्वयं को उसकी जगह पर रखने की कोशिश करें।

आप अपने आप से कहें, 'यदि मैं उसकी जगह होता तो मुझे कैसा लगता और मैं कैसी प्रतिक्रिया देता? अगर आप कारण में रुचि लेते हैं, तो इस बात की अधिक संभावना है कि आपको परिणाम से नापसंदीदगी कम होगी, और इस तरह आप समय भी बचा पायेंगे और खीज भी कम होगी। साथ ही, आप मानवीय संबंधों को लेकर अपने कौशल में भी तेजी से विकास करेंगे।

सैम डगलस न्यूयॉर्क के हेम्पस्टेड में रहते थे। वे अपनी पत्नी से कहा करते थे कि वह अपने लॉन को संवारने में पर बहुत समय व्यतीत करती है, घास-फूस उखाड़ती है, खाद डालती

है, हफ्ते में दो बार घास काटती है। इन सब कार्यों के बावजूद उनका लॉन उतना बेहतर नहीं दिखता, जितना चार साल पहले दिखता था, जब वे इस घर में आये थे। स्वाभाविक है कि उनकी पत्नी ऐसी टिप्पणी से व्यथित हो गयीं और जब भी ऐसी बात कहते तो दिनभर के लिए घर का माहौल बिगड़ जाता था।

हमारे पाठ्यक्रम में शिक्षा लेने के बाद श्री डगलस को यह एहसास हुआ कि वे इतने सालों से कितनी मूर्खतापूर्ण हरकत करते रहे थे। उन्हें ऐसा कभी नहीं लगा कि उनकी पत्नी को ये काम करने में आनंद प्राप्त होता होगा और उसे अपनी मेहनत के बारे में प्रशंसा के दो शब्द सुनकर अच्छा लगेगा।

एक शाम रात्रिभोज के बाद, उनकी पत्नी ने कहा कि वे लॉन से थोड़ी खरपतवार निकालना चाहती है और उन्हें भी इस काम में साथ देने को आमंत्रित किया। पहले तो उन्होंने मना कर दिया, लेकिन फिर इस बारे में बेहतर निर्णय लिया और खरपतवार निकालने में अपनी पत्नी का साथ देने लगे। निस्संदेह वे उनके इस कार्य से प्रसन्न थी, और इस बहाने उन्होंने एक साथ कड़ी मेहनत की और एक घंटा सुखद बातचीत में बिताया।

उसके बाद वे अक्सर बागवानी में उनकी मदद करने लगे और अपनी पत्नी की तारीफ किया करते कि किस तरह उन्होंने अपनी मेहनत से कंक्रीट जैसे कठोर जमीन पर बेहतरीन काम किया है।

परिणाम: इसका परिणाम यह हुआ कि उनके जीवन में खुशहाली आ गयी, क्योंकि वे अपनी पत्नी के नजरिये से चीजों को देखना सीख गए थे - चाहे वह विषय घास से संबंधित ही क्यों न हो।

भविष्य में किसी व्यक्ति से अपने उत्पाद को खरीदने या किसी धर्मार्थ कार्य में दान देने की अपील करने से पहले,

क्यों न थोड़ा रुककर, अपनी आँखें बंद करके उस व्यक्ति के दृष्टिकोण से पूरी बात को समझने का प्रयास करें?

अपने आप से पूछिए: ''वह क्यों ऐसा करना चाहेगा?''

'यह सच है कि इसमें समय लगेगा, लेकिन यह आपको दुश्मनी से बचायेगा और बेहतर परिणाम प्राप्त होंगे - वह भी ''कम मेहनत और कम संसाधन के साथ।''

हार्वर्ड बिजनेस स्कूल के डीन डॉनहैम ने कहा, ''मैं साक्षात्कार के पहले किसी व्यक्ति के कार्यालय के सामने के फुटपाथ पर दो घंटे तक टहल सकता हूँ, लेकिन मैं तब तक उसके कार्यालय में प्रवेश करना नहीं चाहूंगा, जब तक कि मुझे पूरी तरह से स्पष्ट न हो जाये कि मैं क्या कहने जा रहा हूँ और मेरी बात सुनकर उस व्यक्ति की प्रतिक्रिया क्या होगी।''

अपने दृष्टिकोण के साथ-साथ चीजों को दूसरे व्यक्ति के नजरिये से सोचना और देखना अत्यंत महत्वपूर्ण है।

नियम 8: चीजों को दूसरे व्यक्ति के नजरिये से देखने की कोशिश करें।

प्राय: तर्क भी पुरुषों की तरह दिखावे के लिए होते हैं।

—प्लेटो

जिस काम से आप डरते हैं, उसे करते रहें... यह अभी तक डर से निपटने के लिए खोजा गया सबसे तेज और सुनिश्चित तरीका है।

—डेल कार्नेगी

9
सभी लोग क्या चाहते हैं?

क्या आपको एक ऐसा जादुई मुहावरा नहीं चाहिए जो हर तरह के वाद - विवाद को रोक सके, दुश्मनी समाप्त कर सके, श्रेष्ठ सम्बन्ध बना सके और दूसरे व्यक्ति को आपकी बात ध्यान से सुनने के लिए प्रेरित कर सके?

हाँ? ठीक है। वह जादुई वाक्य है: ''आप जैसा महसूस कर रहे हैं, मैं उसके लिए आपको जरा भी दोष नहीं देता।'' अगर मैं तुम्हारी जगह होता तो इसमें कोई शक नहीं है कि मैं वैसा ही महसूस करता जैसा तुम कर रहे हो।'

इस तरह का उत्तर कट्टर से कट्टर मनुष्य के मन में कोमल भावनायें जागृत कर देगा। आप ऐसा कह सकते हैं और मन की गहराई से कह सकते हैं क्योंकि अगर आप उस दूसरे व्यक्ति की जगह होते तो आप भी उसी की तरह महसूस करते। उदाहरण के लिए, कुख्यात अल कैपोन को ही ले लीजिए मान लीजिए कि आपको अल कैपोन की ही तरह शरीर, स्वभाव और दिमाग विरासत में मिला है। मान लीजिए कि आपको भी उसी की तरह वातावरण और अनुभव प्राप्त हुए होते। तब आप भी ठीक उसी की तरह होते। क्योंकि इन्हीं बातों के चलते वह ऐसा बना था। उदाहरण के लिए, आपके सांप न होने का एकमात्र कारण यह है कि आपके माता और पिता सांप नहीं थे।

तो आज आप जिस भी स्थिति में हैं, उसके लिए आपको बहुत कम श्रेय दिया जा सकता है- और याद रखें, यदि आपके पास चिड़चिड़े, धर्मांध, कुतार्किक लोग आते हैं, तो उन्हें दोष नहीं दिया जा सकता है। उनकी परिस्थितियों ने उन्हें ऐसा बनाया है।

उनके लिए अफसोस करें। वे लोग दया के पात्र हैं। उनके साथ सहानुभूति रखें। अपने आप से कहें: 'ईश्वर की बड़ी कृपा है, अन्यथा उनके स्थान पर मैं भी हो सकता था।'

आपसे मिलने वाले तीन-चौथाई लोग सहानुभूति के भूखे होते हैं। उन्हें सहानुभूति दीजिए, और बदले में वे आपसे प्रेम करेंगे।

एक बार मैंने लुईसा मे अलकॉट के उपन्यास 'लिटिल वुमन' पर एक प्रसारण किया था। स्वाभाविक रूप से, मुझे पता था कि वे कॉनकॉर्ड, मैसाचुसेट्स में रहती थी और वहीं पर उन्होंने अपनी अमर किताबों की रचना की थी। लेकिन, बिना ज्यादा सोच-विचार किए मैंने उनके कॉनकॉर्ड, न्यू हैम्पशायर स्थित पुराने घर जाने की बात कही। अगर मैंने केवल एक बार न्यू हैम्पशायर कहा होता, तो शायद इसे माफ भी कर दिया जाता। लेकिन, अफसोस, सद-अफसोस! मैंने यह दो बार कहा था। मुझे ढेरों खत और टेलीग्राम प्राप्त हुए, जो आक्रोश से भरे हुए थे और मेरे असुरक्षित सिर पर मक्खियों के झुंड की तरह मंडरा रहे थे। कई पत्र आक्रोश से भरे हुए थे। कुछ की भाषा अपमानजनक थी। एक प्रतिष्ठित महिला, जो कॉनकॉर्ड, मैसाचुसेट्स में पली-बढ़ी थी और फिलाडेल्फिया में रह रही थी, ने मुझ पर तीखी नाराजगी व्यक्त की।

यदि मैंने मिस एल्कॉट पर न्यू गिनी की एक नरभक्षी होने का आरोप लगाया होता तो यह नाराजगी और भी भयंकर हो सकती थी।

उस पत्र को पढ़ते ही, मैंने खुद से कहा, 'गनीमत है कि

मेरी उस महिला से शादी नहीं हुई है'। मेरे मन में विचार आया कि उस महिला को पत्र लिखकर यह कहूं कि भले ही मैंने भूगोल में एक गलती की थी, लेकिन उन्होंने सामान्य शिष्टाचार में एक बहुत बड़ी गलती की है।

यह सिर्फ मेरा शुरुआती वाक्य होना था।

इसके बाद मैं अपनी आस्तीनें चढ़ाकर उसे बताने जा रहा था कि मैंने वास्तव में क्या सोचा था। लेकिन मैंने नहीं किया। मैंने खुद को नियंत्रित किया। मुझे यह एहसास हुआ कि कोई भी मूर्ख ऐसी प्रतिक्रिया दे सकता है- और अधिकांश मूर्ख बस ऐसा ही करेंगे।

मैं मूर्ख साबित नहीं होना चाहता था। इसलिए मैंने उसकी शत्रुता को मित्रता में बदलने की कोशिश करने का संकल्प लिया। यह एक चुनौती होगी, एक तरह का खेल जिसे मैं खेल सकता था। मैंने अपने आप से कहा, 'यदि मैं उसकी जगह होता, तो शायद वैसा ही महसूस करता, जैसा वह कर रही थी।' इसलिए, मैंने उसके दृष्टिकोण के प्रति सहानुभूति रखने का निश्चय किया। अगली बार जब मैं फिलाडेल्फिया गया, मैंने उसे टेलीफोन किया। टेलीफोन पर बातचीत कुछ इस तरह हुई:

मैं: माननीया, आपने मुझे कुछ सप्ताह पहले एक पत्र लिखा था, और मैं इसके लिए आपको धन्यवाद देना चाहता हूं।

वह: (तीखे, सुसंस्कृत, और भद्र स्वरों में) क्या मैं जान सकती हूँ कि मैं किससे बात कर रही हूँ?

मैं: आप मुझे नहीं जानती हैं। मेरा नाम डेल कार्नेगी है। कुछ रविवार पहले मैंने लुइसा मे अलकोट के बारे में एक प्रसारण किया था, जिसमें मैंने यह कहकर भारी भूल कर दी थी कि वह कॉनकॉर्ड, न्यू हैम्पशायर में रहती थी।

यह मूर्खतापूर्ण भूल थी, और मैं इसके लिए क्षमा चाहता हूँ। मैं इस बात की सराहना करता हूँ कि आपने मुझे पत्र लिखने के लिए समय निकाला।

वह: मि. कार्नेगी, मुझे खेद है कि मैंने वह पत्र लिखा था। मैंने अपना आपा खो दिया था। मुझे भी आपसे माफी माँगनी चाहिए।

मैं: नहीं! नहीं! माफी आपको नहीं बल्कि मुझे मांगनी चाहिए। जो मैंने कहा, उससे कहीं अधिक जानकारी किसी भी स्कूली बच्चे को होगी। मैंने अगले रविवार को हुए प्रसारण में भी माफी मांगी थी, और अब मैं आपसे व्यक्तिगत रूप से माफी मांगना चाहता हूं।

वह: मेरा जन्म कॉनकॉर्ड, मैसाचुसेट्स में हुआ था। मेरा परिवार दो सदियों से मैसाचुसेट्स का निवासी रहा है, और मुझे अपने मूल राज्य पर बहुत गर्व है।

मैं वास्तव में यह सुनकर काफी व्यथित थी कि मिस एल्कॉट न्यू हैम्पशायर में रहती थीं। लेकिन मुझे अब उस पत्र पर वाकई शर्म आ रही है।

मैं: यकीन कीजिए, मैं जितना व्यथित हूँ, आप उसके दसवें भाग बराबर भी व्यथित नहीं होंगी। मेरी त्रुटि से मैसाचुसेट्स नहीं बल्कि मैं ही आहत हुआ हूँ। ऐसा बहुत कम होता है कि आपके जैसी समझ और संस्कृति वाले लोग रेडियो पर बोलने वाले को पत्र लिखते हैं, और मुझे आशा है कि यदि भविष्य में आप मेरी बातों में कोई त्रुटि पाती हैं तो आप मुझे फिर से लिखेंगी।

वह: आपने जिस तरह से मेरी आलोचना को स्वीकार किया है, वह तरीका मुझे बहुत बेहद पसंद आया है। निश्चय

ही आप एक बेहतरीन इंसान हैं। मैं आपको बारे में और भी जानना चाहूंगी।

चुंकि मैंने उसके दृष्टिकोण को मान्यता देते हुए क्षमा मांगी और सहानुभूति व्यक्त की थी, इसलिए उसने भी मेरे दृष्टिकोण को ध्यान में रखते हुए क्षमा माँगना और सहानुभूति व्यक्त करना शुरू कर दिया। मुझे अपने गुस्से पर काबू रख पाने और अपमान के बदले में विनम्रता दिखाने पर संतोष था। जो खुशी मुझे उसकी नजर में भला व्यक्ति बनने में प्राप्त हुई है, वह उसे यह कहकर प्राप्त नहीं होती कि जाओ नदी में डूब मरो।

डॉ. आर्थर आई. गेट्स अपनी शानदार किताब एजुकेशनल साइकोलॉजी में कहते हैं: 'मानव जाति सार्वभौमिक रूप से की सहानुभूति के लिए तरसती है। बच्चे उत्सुकतावश अपना जख्म दिखाते हैं; अथवा अधिक मात्रा में सहानुभूति बटोरने करने के लिए भी स्वयं को चोटिल कर सकते हैं। इसी वजह से वयस्क भी अपने जख्मों को दिखाते हैं तथा अपनी दुर्घटनाओं, बीमारियों, विशेष रूप से सर्जरी जैसे चिकित्सा विवरणों का जिक्र करते हैं।

वास्तविक या काल्पनिक दुर्भाग्य के लिए ''आत्म-दया'' जैसे भाव रखना कुछ हद तक एक सार्वभौमिक सत्य है।'

अत:, यदि आप लोगों को अपने विचारों की ओर आकृष्ट करना चाहते हैं, तो उन विचारों को अमल में लाएँ।

नियम 9: दूसरे व्यक्ति के विचारों और इच्छाओं के प्रति सहानुभूति का भाव रखें।

मित्रता हमारे सुख को दुगुना करके उसमें अभिवृद्धि करती है और दु:ख को साझा करके उसे कम करती है।

—मार्कस टुलियस सिसेरो

छोटे-छोटे कामों में अपना सर्वश्रेष्ठ देने से भयभीत न हों। प्रत्येक बार जब आप विजय प्राप्त करते हैं तो यह आपको और अधिक मजबूत बनाता है। अगर आप छोटे कामों को अच्छी तरह से करते हैं, तो संभवत: बड़े काम अपने आप हो जाएंगे।

—डेल कार्नेगी

10

वह अपील जो सभी लोग पसंद करते हैं

मेरा लालन-पालन मिसौरी के जेसी जेम्स काउंटी के किनारे हुआ था और मैं एक बार कर्नी, मिसौरी स्थित जेम्स फार्म गया था, जहां उस समय जेसी जेम्स के पुत्र रहा करते थे। उनकी पत्नी ने मुझे कहानी सुनायी कि कैसे जेसी जेम्स ट्रेनों को लूटा करते थे, बैंकों में डकैती डाला करते थे और फिर उस लूटे हुए धन को पड़ोसी किसानों में बांट दिया करते थे ताकि वे अपने ऋण का भुगतान कर सकें।

शायद जेसी जेम्स स्वयं को एक आदर्शवादी मानता था, जैसा कि बाद में डच शुल्ट्ज, 'टू गन' क्रॉली, अल कैपोन जैसे अनेक गठित अपराधियों या 'गॉडफादर' ने पीढ़ियों बाद किया। सच्चाई यह है कि आप जिन लोगों से मिलते हैं, वे सभी अपने आप को बहुत महत्वपूर्ण समझते हैं और अपनी नजर में अच्छे और निःस्वार्थ होना पसंद करते हैं।

जे. पियरपोंट मॉर्गन ने अपने एक विश्लेषणात्मक प्रयोग में यह पाया कि आमतौर पर किसी काम को करने के पीछे दो कारण होते हैं: एक जो अच्छा लगता है और दूसरा वास्तविक कारण।

वास्तविक कारण व्यक्ति स्वयं सोचेगा। आपको इस बात पर जोर देने की जरूरत नहीं है। लेकिन मन से आदर्शवादी होने

के चलते हम सभी उन मुख्य कारणों के बारे में सोचना पसंद करते हैं जो सुनने में अच्छे लगते हैं। इसलिए, यदि आप लोगों को प्रभावित करना और उनके व्यवहार को बदलना चाहते हैं, तो उनकी बेहतर भावनाओं और प्रेरणाओं का सहारा लें।

क्या यह बात व्यवसाय क्षेत्र में लागू होने के बारे में अधिक आदर्शवादी है? चलो देखते हैं। आइए, पेन्सिलवेनिया के ग्लेनोल्डन की फैरेल-मिशेल कंपनी के हैमिल्टन जे. फैरेल का मामला देखते हैं। श्री फैरेल का एक असंतुष्ट किरायेदार था जिसने मकान छोड़ने की धमकी दी थी। किरायेदारी की अनुबंध अवधि समाप्त होने में अभी भी चार महीने बाकी थे; लेकिन फिर भी, उसने अनुबंध की परवाह किए बिना मकान को तुरंत खाली करने का नोटिस दे दिया,

मिस्टर फैरेल ने कक्षा को कहानी सुनाते हुए कहा, 'पूरी सर्दी वह मेरे घर में रहा है जो साल का सबसे महंगा हिस्सा है।' और मुझे पता था कि बर्फ गिरने के पहले अपार्टमेंट को फिर से किराए पर देना मुश्किल होगा। मैं अपनी किराये से हुई आमदनी को बर्बाद होते हुए देख बहुत गुस्सा था।

''सामान्यतः मैं उस किरायेदार को अनुबंध दस्तावेज को फिर से पढ़ने की सलाह देता।'' मैंने उसे बताया होता कि अगर वह मकान खाली करता है, तो उसे पूरा किराया एक साथ देना होंगा-और मैं सारा बकाया वसूलने के लिए कदम उठा सकता हूं।

''लेकिन क्रोध में आपा खो देने के बजाय मैंने अन्य तरीकों को आजमाने का फैसला किया। तो मैंने कुछ इस तरह से अपनी बात शुरू की: ''मिस्टर डो, मैंने आपकी बात सुन ली और मुझे अभी भी विश्वास नहीं हो रहा है कि आप घर खाली करना चाहते हैं। वर्षों से मैं किराये के व्यवसाय में हूँ, जिसने मुझे मानव स्वभाव के बारे में बहुत कुछ सिखाया है, और

मैंने आपको अपने शब्दों पर खरा उतरने वाला व्यक्ति पाया है।

बल्कि, मैं अपनी समझ पर भरोसा रखते हुए तुम पर दांव लगाने को तैयार हूँ।

"तो, मैं यह कह रहा हूँ कि कुछ दिनों के लिए अपने निर्णय को स्थगित रखें और इस पर विचार करें। आप आज से लेकर महीने के पहले सप्ताह तक, जब आपका किराया देय हो जाये, सोच विचार कर लीजिए और यदि आप उसके बाद भी मकान खाली करने का आपका इरादा यथावत रहता है, तो मैं वचन देता हूं कि मैं आपके निर्णय को अंतिम मानकर स्वीकार करूंगा। मैं तुम्हें मकान खाली करने की अनुमति दूंगा और यह स्वीकार करूंगा कि मैं अपने निर्णय में गलत था। लेकिन मुझे अभी भी विश्वास है कि आप अपने जुबान के पक्के हैं और अपने अनुबंध पर खरा उतरेंगे। अंततः हम या तो मनुष्य हैं या बंदर– और इसका चुनाव आमतौर पर अपने पास ही होता है!

'तो हुआ यह, कि जब नया महीना आया, ये सज्जन मुझसे मिलने आए और व्यक्तिगत रूप से किराया चुकाकर गए। उन्होंने और उनकी पत्नी ने इस पर बात की और मकान में बने रहने का फैसला किया। उन्होंने यह निष्कर्ष निकाला कि अनुबंध पर कायम रहना ही सबसे अच्छी बात है।

मेन राज्य का एक गरीब बालक साइरस एच. के. कर्टिस, जब अपने दिन दूने रात चौगुने बढ़ने वाले करियर की शुरुआत कर रहा था, जो उसे द सैटरडे इवनिंग पोस्ट और लेडीज होम जर्नल के मालिक के रूप में करोड़पति बनाने वाला था, वह अपने लेखकों को अन्य पत्रिकाओं के समान मानदेय का भुगतान करने की स्थिति में नहीं था। वह भुगतान आधार पर लिखने वाले प्रथम श्रेणी के लेखकों की सेवायें नहीं ले सकता था। इसलिए उसने उन लेखकों की उदात्त भावनाओं का आह्वान किया।

उदाहरण के लिए, उन्होंने लिटिल वुमन की विख्यात लेखिका लुईसा मे अलकोट को भी लिखने के लिए राजी कर लिया, जबकि उस समय वे अपनी प्रसिद्धि के रथ पर सवार थीं; और यह संभव हुआ सौ डॉलर के एक चेक से, जो उसने लेखिका को बतौर पारिश्रमिक नहीं बल्कि उनके पसंदीदा परोपकार कार्य में योगदान की पेशकश करके किया।

इस बात पर संशयवादी लोग कह सकते हैं: 'कि ऐसा फैरेल, कर्टिस अथवा किसी भावुक उपन्यासकार के मामले में ही संभव है। लेकिन, मैं आपको इस फार्मूला को जटिल लोगों पर आजमाते हुए देखना चाहता हूं जिनसे मुझे बकाया धन की उगाही करनी हो!''

आप सही हो सकते हैं। कोई भी फार्मूला सभी मामलों - और सभी लोगों पर कारगर नहीं होगा। यदि आप उन परिणामों से संतुष्ट हैं जो फिलहाल आपको प्राप्त हो रहे हैं, तो बदलाव क्यों करना? यदि आप संतुष्ट नहीं हैं, तो प्रयोग क्यों नहीं करते?

नियम 10: नेक उद्देश्यों के लिए अपील करें।

"निंदा, ऐसी बारिश की तरह होनी चाहिए जो इंसान को वृद्धि करने योग्य पोषण तो दे लेकिन उसकी जड़ें नष्ट न करे।"

—फ्रैंक ए. क्लार्क

दूसरे व्यक्ति के दृष्टिकोण से चीजों को देखने
के लिए ईमानदारी से प्रयास करें।

—डेल कार्नेगी

11
फिल्में ऐसा करती हैं। टेलीविजन ऐसा करता है।

कुछ वर्ष पहले, फिलाडेल्फिया से निकलने वाले 'ईवनिंग बुलेटिन' नामक अखबार को खतरनाक अफवाहों से बदनाम किया जा रहा था। अखबार के विरुद्ध दुर्भावनापूर्ण अफवाह फैलाई जा रही थी। विज्ञापनदाताओं को बताया जा रहा था कि यह अखबार पाठकों के लिए आकर्षक नहीं रह गया है, क्योंकि इसमें विज्ञापन अधिक और खबरें बहुत कम होती हैं।

इसके विरुद्ध तत्काल कार्रवाई आवश्यक थी। इस अफवाह को दबाना आवश्यक था।

लेकिन कैसे?

इसके लिए यह तरीका अपनाया गया।

अखबार ने एक दिन विशेष के सभी प्रकार के लेखों से उनकी खबरों को काट कर उन्हें वर्गीकृत किया और एक पुस्तक के रूप में प्रकाशित किया। उस पुस्तक को नाम दिया 'एक दिन'। इस पुस्तक में 307 पृष्ठ थे, जो कि एक हार्ड कवर वाली किताब के बराबर थे। फिर भी "बुलेटिन" ने उस दिन की सभी खबरों और फीचर को छापा और बहुत सस्ती दरों पर बेच दिया।

उस पुस्तक के प्रकाशन ने नाटकीय रूप से यह तथ्य उद्घाटित किया कि बुलेटिन में प्रचुर मात्रा में पढ़ने योग्य दिलचस्प सामग्री थी। इसने तथ्यों को अधिक स्पष्ट, दिलचस्प और प्रभावशाली रूप से व्यक्त किया जितनी कि आंकड़ों और महज बातचीत द्वारा नहीं की जा सकती थी।

यह नाटकीय दौर है। केवल एक सच्चाई बताना पर्याप्त नहीं है। सत्य को जीवंत, रोचक और नाटकीय बनाना होगा। आपको शोमैनशिप का उपयोग करना पड़ेगा। फिल्में ऐसा करती हैं। टेलीविजन करता है। और यदि आप अपनी ओर ध्यान खींचना चाहते हैं तो आपको ऐसा ही करना होगा।

नियम 11: अपने विचारों को नाटकीय रूप से प्रस्तुत करें।

प्रत्येक नए दिन के साथ नई ताकत
और नए विचार आते हैं।

—एलिनोर रूजवेल्ट

प्रत्येक राष्ट्र स्वयं को अन्य राष्ट्रों से
बेहतर महसूस करता है।

—डेल कार्नेगी

12

जब और कोई युक्ति काम न करे, इस बात को आजमाएँ

चार्ल्स श्वाब का एक मिल मैनेजर था, जिसके श्रमिक अपने कोटा के अनुरूप उत्पादन नहीं कर रहे थे।

'वाब ने उससे पूछा, ऐसा कैसे संभव है कि तुम्हारे जैसे कुशल प्रबंधक के होते हुए भी मिल उतना उत्पाद नहीं कर पा रही है जितना इसे करना चाहिए?'

'मुझे नहीं पता,' प्रबंधक ने उत्तर दिया। 'मैनें हरसंभव प्रयास करके देख लिए हैं। श्रमिकों को प्रोत्साहित किया, उन्हें डाँटा, धमकाया और नौकरी से बाहर तक निकालने की चेतावनी दी। लेकिन कोई तरीका काम नहीं आया है। वे काम नहीं करेंगे।'

यह बातचीत रात की पारी आने के ठीक पहले शाम के समय हुई। श्वाब ने प्रबंधक से चाक का एक टुकड़ा मांगा और निकटतम व्यक्ति की ओर मुड़ते हुए पूछा:

"आपकी टीम ने आज कितने राउंड काम किया है?"

'छह'

एक भी शब्द कहे बिना श्वाब ने फर्श पर '6' की एक बड़ी सी आकृति उकेरी और वहां से चले गये।

जब रात की पारी का समय हुआ, तो श्रमिकों ने फर्श पर 6 की आकृति बनी हुई देखी और पूछा कि इसका क्या मतलब है।

दिन की पारी में काम करने वाले श्रमिकों ने कहा, 'आज यहां बिग बॉस आये थे'। उन्होंने हमसे पूछा कि आज हमने कितने राउंड काम किया है, और हमने उन्हें 'छह' बताया। तो उन्होंने इसे फर्श पर लिख दिया।'

अगली सुबह श्वाब फिर से मिल में आये। रात की पारी में काम करने वाले श्रमिकों ने '6' को मिटाकर एक बड़ी सी '7' की आकृति बना दी थी।

अगली सुबह जब दिन की पारी के श्रमिक आये, तो उन्होंने फर्श पर 7 की आकृति बनी हुई देखी।

तो रात की पारी के श्रमिकों ने सोचा कि उन्होंने दिन की पारी में काम करने वाले श्रमिकों से बेहतर काम किया। क्या उन्होंने सच में ऐसा किया था? उन्होंने निर्णय लिया कि वे रात की पारी से बेहतर प्रदर्शन करके दिखायेंगे।

वे प्रतियोगिता की भावना के चलते उत्साह से भर गए और जब उस रात उनकी काम की पारी समाप्त हुई तो उन्होंने फर्श पर एक बड़ी सी '10' की आकृति उकेर दी थी।

चीजें तेज गति से आगे बढ़ रही थीं।

जल्द ही, उत्पादन में काफी पीछे चल रही यह मिल संयंत्र, किसी भी अन्य मिल की तुलना में अधिक उत्पादन करने लगी।

इसकी वजह क्या थी?

चार्ल्स श्वाब के अपने शब्दों में: 'प्रतिस्पर्धा की भावना को प्रोत्साहित करके बड़े से बड़ा कार्य आसानी से पूरा हो सकता है। मेरा उद्देश्य महज धनार्जन करना नहीं बल्कि उत्कृष्टता प्राप्त करने की इच्छा थी।'

उत्कृष्टता प्राप्त करने की इच्छा! चुनौती! प्रतियोगिता के लिए आह्वान! उत्साही लोगों को आकर्षित करने का एक अचूक तरीका।

चुनौती के बिना, थिओडोर रूजवेल्ट कभी संयुक्त राज्य अमेरिका के राष्ट्रपति नहीं बनते। क्यूबा से हाल ही में लौटे रफ राइडर को न्यूयॉर्क राज्य के गवर्नर के लिए चुना गया था। विपक्ष ने यह पाया कि अब वे राज्य के कानूनी निवासी नहीं थे, और भयभीत रूजवेल्ट अपना नामांकन वापस लेना चाहते थे। फिर न्यूयॉर्क के तत्कालीन अमेरिकी सीनेटर थॉमस कोलियर प्लाट ने उन्हें चुनौती दी। थिओडोर रूजवेल्ट की ओर देखते हुए उन्होंने तीखे स्वर में कहा: 'क्या सैन जुआन हिल का नायक एक कायर है?'

रूजवेल्ट ने नामांकन वापस नहीं लिया और डटे रहे और इसके बाद के इतिहास से हम सभी अवगत हैं। एक चुनौती ने न केवल उनका जीवन बदल दिया; बल्कि इसका उनके राष्ट्र के भविष्य पर भी प्रभाव पड़ा।

महान व्यवहार वैज्ञानिकों में से एक फ्रेडरिक हर्जबर्ग ने कारखाने के काम करने वाले श्रमिकों से लेकर वरिष्ठ अधिकारियों तक के हजारों लोगों के कार्य दृष्टिकोण का गहराई से अध्ययन किया था। आपको क्या लगता है कि उन्होंने सबसे प्रेरक कारक क्या पाया होगा - नौकरियों का सबसे उत्तेजक पहलू क्या रहा होगा? धन? काम करने की अच्छी स्थितियां? अनुषंगी लाभ नहीं-इनमें से कोई नहीं। कार्य ही लोगों को प्रेरित करने वाला एक प्रमुख कारक था। यदि काम रोमांचक और दिलचस्प होगा, तो कर्मचारी इसे करने के लिए उत्सुक होंगे और बेहतर तरीके से करने के लिए प्रेरित होंगे।

इसीलिए हर सफल व्यक्ति यही चाहता है: खेल और प्रतिस्पर्धा। आत्म-अभिव्यक्ति का अवसर। अपनी काबिलियत साबित

करने, उत्कृष्टता हासिल करने और जीतने का मौका। यही वजह है कि लंबीकूद, रस्साकसी, बाधा-दौड़ जैसी प्रतिस्पर्धायें लोगों को रोचक लगती हैं।

उत्कृष्टता हासिल करने की इच्छा। महत्व की भावना की इच्छा।

नियम 12: चुनौतियां उत्तेजना उत्पन्न करती हैं।

उसे ही आलोचना करने का अधिकार है,
जिसके पास मदद करने का जज्बा हो।

—अब्राहम लिंकन

मन के अलावा डर और कहीं मौजूद नहीं होता।

—डेल कार्नेगी

भाग 2

13

ऐसा कीजिए और हर जगह आपका स्वागत होगा

मित्रता हासिल करने के तरीके जानने के लिए इस पुस्तक को क्यों पढ़ें? क्यों न मित्रता हासिल करने में दुनिया के अब तक के सबसे बड़े विजेता की तकनीक का अध्ययन किया जाए? वह कौन है? आप कल सड़क पर उनसे मिल सकते हैं। जब आप उससे दस फीट की दूरी पर पहुंचते हैं, तो वह अपनी पूंछ हिलाना शुरू कर देगा। यदि आप रुककर उसे हाथ लगाते हैं तो वह आपको यह दिखाने के लिए, कि वह आपसे कितना प्यार करता है, कूदना शुरु कर देगा। और आप जानते हैं कि उसके इस प्रेम प्रदर्शन के पीछे कोई छुपे हुए कारण नहीं हैं: न ही वह आपको कोई जमीन बेचना चाहता है और न ही वह आपसे शादी करना चाहता है।

क्या आपने कभी सोचा है कि कुत्ता ही एकमात्र ऐसा जानवर है जिसे जीने के लिए कोई काम नहीं करना पड़ता? मुर्गी को अंडे देने होते हैं, गाय को दूध देना होता है और कोयल को गाना होता है। लेकिन कुत्ता महज आपको प्यार देकर अपनी जीविका चलाता है।

जब मैं पाँच साल का था, मेरे पिता पचास सेंट में मेरे लिए पीले बालों वाला एक छोटा सा पिल्ला खरीद कर लाये थे।

बचपन में वह पिल्ला मेरे लिए खुशियों को खजाना था।हर दोपहर लगभग साढ़े चार बजे वह सामने वाले यार्ड में बैठा जाता था और अपनी खूबसूरत आँखों से सड़क की ओर देखता रहता था, और जैसे ही मेरी आवाज सुनता या मुझे हाथ में खाने का टिफिन लिए आते हुए देखता, खुशी के मारे छलांग मारने लगता और मेरा स्वागत करने के लिए उत्तेजना में इधर-उधर दौड़ लगाने लगता।

लगातार पांच साल तक टिप्पी मेरी साथी रहा। और मैं वह दु:खद रात कभी नहीं भूलूंगा जब मेरे सामने ही उसकी बिजली गिरने से मृत्यु हो गयी। टिप्पी की मृत्यु मेरे लड़कपन की एक गंभीर त्रासदी थी।

टिप्पी, तुमने मनोविज्ञान की कोई किताब कभी नहीं पढ़ी थी। तुम्हें इसकी जरूरत ही नहीं थी। किसी दिव्य प्रेरणा से तुम यह जानते थे कि अन्य लोगों में रुचि लेकर महज दो महीने में तुम जितने अधिक दोस्त बना सकते हो, अन्य लोगों का ध्यान अपनी ओर आकर्षित करके दो साल में भी उतने दोस्त नहीं बना सकते। मुझे यह बात दोहराने दीजिए। अन्य लोगों में रुचि लेकर महज दो महीने में तुम जितने अधिक दोस्त बना सकते हो, अन्य लोगों का ध्यान अपनी ओर आकर्षित करके दो साल में भी उतने दोस्त नहीं बना सकते।

फिर भी मुझे और आपको पता है कि ऐसे अनेक लोग हैं जो दूसरों को अपनी ओर आकर्षित करने के चक्कर में पूरे जीवन भर भटकते रहते हैं।

बेशक, इसका कोई लाभ नहीं होता। लोगों की आपमें कोई दिलचस्पी नहीं है। उनकी मुझमें कोई दिलचस्पी नहीं है। सुबह, दोपहर और रात, उनका ध्यान सिर्फ अपने ऊपर रहता है।

न्यूयॉर्क टेलीफोन कंपनी ने यह पता लगाने के लिए टेलीफोन वार्तालापों का एक विस्तृत अध्ययन किया है कि कौन सा शब्द

सबसे अधिक बार उपयोग किया जाता है। आपने सही अनुमान लगाया है: 'मैं', 'मैं', 'मैं', यह व्यक्तिगत सर्वनाम 500 टेलीफोन वार्ताओं में 3900 बार प्रयुक्त हुआ है। 'मैं', 'मैं', 'मैं',

जब आप किसी समूह की तस्वीर देखते हैं, जिसमें आप भी हैं, तो आप सबसे पहले किसकी तस्वीर देखते हैं?

अगर हम महज लोगों को प्रभावित करने की कोशिश करते हैं और उनकी दिलचस्पी अर्जित करने की कोशिश करते हैं, तो हमारे पास कभी भी सच्चे और निष्ठावान मित्र नहीं होंगे। सच्चे और असली मित्र ऐसे नहीं बनते।

यह भी थिओडोर रूजवेल्ट की आश्चर्यजनक लोकप्रियता के अनेक रहस्यों में से एक था। यहाँ तक कि उनके सेवक भी उनसे प्रेम करते थे। उनके व्यक्तिगत सहायक जेम्स ई. एमोस ने उनके बारे में 'थिओडोर रूजवेल्ट, हीरो टू हिज वैलेट' शीर्षक से एक किताब लिखी है। किताब में एमोस ने इस ज्ञानवर्धक घटना का वर्णन किया है:

> मेरी पत्नी ने एक बार राष्ट्रपति से बॉबव्हाइट चिड़िया के बारे में पूछा। उसने कभी वह चिड़िया नहीं देखी थी और राष्ट्रपति ने पूरे विस्तार के साथ उसे चिड़िया के बारे में जानकारी दी। कुछ समय बाद, हमारी कुटिया पर टेलीफोन की घंटी सुनायी दी। [एमोस और उनकी पत्नी ऑयस्टर बे में रूजवेल्ट एस्टेट की एक छोटी सी कुटिया में रहते थे।] मेरी पत्नी ने इसका उत्तर दिया और फोन पर स्वयं मिस्टर रूजवेल्ट थे। उन्होंने एमोस की पत्नी को यह बताने के लिए फोन किया था कि उसकी खिड़की के बाहर एक सफेद रंग की बॉबव्हाइट चिड़िया बैठी है और यदि वह कुटिया से बाहर देखेगी

> तो उसे वह चिड़िया दिखायी पड़ सकती है। इस तरह की छोटी-छोटी बातें ही उनके व्यक्तित्व की विशेषता थीं। जब भी वे हमारी कुटिया के पास से गुजरते थे, भले ही हम उन्हें दिखायी न दे रहे हों, वे 'ओ एनी? या ओ जेम्स' कहकर पुकारते थे।

यह उनका दोस्ताना संबोधन हुआ करता था।

कोई भी कर्मचारी ऐसे व्यक्ति को क्यों नहीं चाहेगा? कोई उसे बिना पसंद किए हुए कैसे रह सकता था?

रूजवेल्ट ने एक दिन व्हाइट हाउस में फोन किया जब राष्ट्रपति और श्रीमती टैफ्ट वहां नहीं थे। विनम्र लोगों को पसंद करने की उनकी चाह इस तथ्य से साबित होती है कि वे व्हाइट हाउस के प्रत्येक सहायकों और कर्मचारियों को उनके नाम से ही संबोधित किया करते थे, यहाँ तक कि रसोई में बर्तन साफ करने वाली सहायिकाओं को भी।

"लेकिन जब उन्होंने रसोई में काम करने वाली सहायिका आर्ची बट उर्फ एलिस को देखा, तो उन्होंने पूछा कि क्या वह अभी भी मक्के की रोटी बनाती है।" ऐलिस ने उन्हें बताया कि वह अब भी कभी कभार सेवकों के लिए बनाती है, लेकिन उच्च पदों पर आसीन कार्मिकों ने कभी नहीं खायी।

'क्या उन्हें इसका स्वाद पसंद नहीं आया', रूजवेल्ट ने चौंकते हुए पूछा। 'जब मुझे राष्ट्रपति महोदय मिलेंगे तो मैं उनसे कहूँगा।

एलिस ने उन्हें एक प्लेट पर रोटी का एक टुकड़ा लाकर दिया जिसे खाते हुए वे कार्यालय की ओर चले गए और रास्ते में मिलने वाले बागवानों और मजदूरों को अभिवादन करते गए।'

उन्होंने पहले की ही तरह प्रत्येक कार्मिक को नाम लेकर ही पुकारा। आइक हूवर, जो चालीस सालों से व्हाइट हाउस के

प्रमुख गाइड थे, ने अपनी आँखों में आंसू भरते हुए कहा: "यह हम सभी के लिए पिछले लगभग दो साल में सबसे ज्यादा खुशी का दिन है, और हममें से कोई भी इसे सौ डॉलर के नोट से भी नहीं बदलना चाहेगा।"

हम सभी - चाहे फैक्ट्री में काम करने वाले श्रमिक हों, कार्यालय में काम करने वाले क्लर्क हों या राजगद्दी पर बैठे शासक - उन लोगों को पसंद करते हैं जो हमारी सराहना करते हैं। उदाहरण के लिए जर्मन कैसर को ही ले लो। द्वितीय विश्व युद्ध के समापन के समय वे शायद इस धरती पर सबसे क्रूर और सर्वसामान्य रूप से नफरत किए जाने वाले शख्स थे। जब वह अपनी जान बचाने के लिए हॉलैंड भाग गये, तो उनका अपना देश भी उनके खिलाफ हो गया था।

उसके विरुद्ध घृणा की लहर इतनी तीव्र थी कि करोड़ों लोग उसे जान से मार डालने या जलाना चाहते थे।

नफरत के इस वातावरण में, एक छोटे से लड़के ने कैजर को एक सरल, ईमानदार और सराहना से भरा पत्र लिखा।

नफरत के इस वातावरण में, एक छोटे से लड़के ने कैजर को एक सरल, ईमानदार और सराहना से भरा पत्र लिखा।

इस छोटे बच्चे ने लिखा कि चाहे लोग जैसा भी सोचें, वह हमेशा विल्हेल्म को अपने सम्राट के रूप में प्यार करेगा। इस पत्र ने कैजर को बेहद प्रभावित किया और उन्होंने उस छोटे लड़के को मिलने के लिए आमंत्रित किया।

वह बालक अपनी माँ के साथ उनसे मिलने गया - और कहते हैं कि कैजर ने उनसे विवाह कर लिया। उस छोटे लड़के को 'मित्रता कैसे हासिल करें और लोगों को कैसे प्रभावित करें' किताब पढ़ने की जरूरत नहीं थी। वह सहज रूप से ही यह जानता था।

अगर हम मित्रता हासिल करना चाहते हैं, तो हमें दूसरों के लिए काम करने के लिए तैयार होना चाहिए – ऐसे काम जिनमें समय, ऊर्जा, निःस्वार्थता और सोच समझ की दरकार होती है। जब ड्यूक ऑफ विंडसर वेल्स के राजकुमार थे, तो उन्हें दक्षिण अमेरिका का दौरे पर जाना था, और उस दौरे पर जाने से पहले उन्होंने स्पेनिश भाषा का अध्ययन करने में महीनों बिताए ताकि वे उस देश जनता से उसी देश की भाषा में वार्तालाप कर सकें; और दक्षिण अमेरिकी लोगों ने उनके इस प्रयास को बहुत पसंद किया।

सालों तक मैंने अपने दोस्तों के जन्मदिन याद रखने की कोशिश की। कैसे? हलांकि मुझे ज्योतिष पर कोई विशेष विश्वास नहीं है, लेकिन फिर भी जब मैं किसी दोस्त से मिलता था तो इस प्रश्न से शुरुआत करता था कि क्या उनको लगता है कि किसी के जन्म दिन का उसके व्यक्तित्व और स्वभाव पर कोई असर होता है।

फिर मैं उनसे उनके जन्मदिन और जन्ममाह के बारे में पूछता था। उदाहरण के लिए यदि वह कहता कि उसका जन्मदिन 24 नवंबर को आता है, तो मैं अपने मन में '24 नवंबर, 24 नवंबर' दुहराता रहता और उसके जाते ही मैं उसका नाम और जन्मदिन को एक डायरी में नोट कर लेता था। हर साल की शुरुआत में, मैं अपने कैलेंडर पैड में इन जन्मतिथियों को नोट कर लेता था ताकि वे स्वतः मेरे ध्यान में आ जाएं। और जब उनका जन्मदिन आता, मेरा पत्र या टेलीग्राम उनके पास पहुंच जाता था। यह काम कितना असरदायक था! अक्सर मैं ही एकमात्र व्यक्ति होता था जो उनके जन्मदिन को याद रखता था।

यदि हम मित्र बनाना चाहते हैं, तो उत्साह और उल्लास के साथ लोगों को बधाई दें। जब कोई आपको फोन पर कॉल करता है तो उसी मनोविज्ञान का उपयोग करें। आप ऐसे स्वर में 'हैलो' बोलें, जिससे उसे लगे कि आपको फोन आने से बहुत खुशी हुई है। कई कंपनियाँ अपने टेलीफोन ऑपरेटरों को प्रशंसा और उत्साह से भरे स्वर में कॉल ग्रहण करने के लिए प्रशिक्षित करती हैं।

इससे फोन करने वाले ग्राहक को लगता है कि कंपनी को उनकी फिक्र है।

अगली बार फोन उठाते समय यह तथ्य ध्यान में रखें।

दूसरों के प्रति वास्तविक रुचि दर्शाने से न केवल आपको मित्रता हासिल करने में मदद मिलती है, बल्कि इससे ग्राहकों में आपकी कंपनी के प्रति निष्ठा भी विकसित हो सकती है।

मानव संबंधों के अन्य सभी सिद्धांतों की तरह रुचि का प्रदर्शन भी ईमानदार होना चाहिए। यह न केवल रुचि दर्शाने वाले व्यक्ति, बल्कि ध्यान अर्जित करने वाले व्यक्ति के लिए भी लाभप्रद होता है। यह दोतरफा रास्ता है जिसका दोनों पक्षों को लाभ प्राप्त होता है।

यदि आप चाहते हैं कि अन्य लोग आपको पसंद करें, यदि आप वास्तविक मित्रता विकसित करना चाहते हैं, यदि आप स्व-सहायता साथ-साथ दूसरों की सहायता भी करना चाहते हैं, तो इस सिद्धांत को ध्यान में रखें:

नियम 13: अन्य लोगों में वास्तविक रुचि दर्शाएं।

यदि आप प्रेरित नहीं हैं तो दुनिया के
कोई भी प्रयास मायने नहीं रखेंगे।

—चक पलाहनुक

बहस करने वाले से नहीं बल्कि चकमा देने वाले से डरो।

—डेल कार्नेगी

14

पहला प्रभाव बेहतरीन बनाएं

न्यूयॉर्क के एक रात्रिभोज में शामिल एक महिला, जिसे विरासत में अकूत धन मिला था, सभी मेहमानों पर एक बेहतरीन प्रभाव डालने की इच्छुक थी। उसने विरासत में मिली धनसंपदा का एक हिस्सा तमाम साजो-सामान, हीरों और गहनों पर खर्च किया था। लेकिन उसने अपने चेहरे पर कोई विशेष ध्यान नहीं दिया था। उसके चेहरे से खटास और स्वार्थ झलकता था। जो बात सभी लोग जानते हैं, उसे वह मामूली सी बात भी नहीं पता थी कि व्यक्ति के चेहरे की भावभंगिमा से जो प्रभाव पड़ता है, वह गहनों और कपड़ों से नहीं पड़ता।

कथनी की तुलना में करनी ज्यादा असरदार होती है, और एक छोटी सी मुस्कान यह अभिव्यक्त कर देती है, कि 'मैं आपको पसंद करता हूं। आपको देखकर मन प्रसन्न हो जाता है। मुझे आपको देखकर खुशी हो रही है।'

इसीलिए कुत्ते इतने लोकप्रिय होते हैं। वे हमें देखकर इतने खुश हो जाते हैं कि उत्साह के मारे उछल-कूद करने लगते हैं। स्वाभाविक रूप से, हम भी उन्हें देखकर खुश होते हैं।

किसी नन्हे बच्चे की मुस्कान भी ऐसा ही प्रभाव डालती है।

क्या आपने कभी किसी डॉक्टर के क्लीनिक में प्रतीक्षा करते हुए समय गुजारा है और वहां बैठे अन्य सभी उदास चेहरों को

देखा है जो बेसब्री से अपना नंबर आने की प्रतीक्षा कर रहे हों? मिसौरी के रेटाउन के एक पशु चिकित्सक डॉ. स्टीफन के. स्प्राउल ने वसंत ऋतु के एक विशेष दिन के बारे में बताया, जब उनका क्लीनिक अपने पालतू जानवरों को टीका लगाने की प्रतीक्षा कर रहे लोगों से खचाखच भरा हुआ था। कोई भी किसी से बात नहीं कर रहा था, और शायद वे सभी उन दर्जनों बातों के बारे में सोच रहे थे, जो वे उस समय क्लीनिक में बैठकर 'समय बर्बाद' करने के बजाय कर रहे होते। उन्होंने हमारी एक कक्षा को बताया: उस समय क्लीनिक में छह या सात ग्राहक प्रतीक्षा कर रहे थे, जब एक युवती नौ माह के बच्चे और एक बिल्ली के बच्चे के साथ आई। भाग्यवश वह उस व्यक्ति के पास जाकर बैठी जो काफी लंबे समय से अपनी बारी आने की प्रतीक्षा में व्याकुल था। अगले ही क्षण, उस बच्चे ने अपनी बालसुलभ मुस्कान के साथ उसकी ओर देखा। उस सज्जन ने क्या किया होगा? बेशक, जैसा कि आप और मैं करते, वह भी बच्चे को देखकर मुस्कुरा दिया। जल्द ही उसने उस महिला से उसके बच्चे और अपने पोतों के बारे में बातचीत शुरू कर दी, और जल्द ही प्रतीक्षा कक्ष में मौजूद प्रत्येक व्यक्ति उस बातचीत में शामिल हो गया, और ऊब और तनाव की जगह सुखद और आनंददायक वातावरण निर्मित हो गया।

एक कृत्रिम या बेतुकी मुस्कराहट? नहीं, यह किसी को मूर्ख नहीं बनाती है। हम जानते हैं कि कृत्रिम मुस्कान यांत्रिक होती है और हम इससे नाराज होते हैं। मैं एक वास्तविक मुस्कान के बारे में बात कर रहा हूं, एक दिलकश मुस्कान, जो हमारे भीतर से आती है, और ऐसी मुस्कान को सभी हाथों-हाथ लेते हैं।

मुस्कान बेहद प्रभावशाली होती है - भले ही यह अदृश्य हो।

यदि आप लोगों से मिलते वक्त अच्छा समय बिताने की

आशा करते हैं, तो आपके पास लोगों से मिलने का पर्याप्त समय होना चाहिए।

मैंने हजारों व्यापारियों से कहा है कि वे एक सप्ताह तक दिन में हर घंटे किसी को देखकर मुस्कराएँ और फिर कक्षा में आकर परिणामों के बारे में चर्चा करें। यह कैसे काम करता है? आइए देखते हैं... मेरे पास न्यूयॉर्क के स्टॉक ब्रोकर विलियम बी. स्टीनहार्ट का एक पत्र है। उनका मामला अलग नहीं है। वास्तव में, यह सैकड़ों अन्य मामलों जैसा ही है।

उन्होंने लिखा, 'मुझे शादी किए अठारह साल से अधिक हो गए हैं।

मिस्टर स्टीनहार्ट, 'और सुबह बिस्तर छोड़ने से लेकर ऑफिस जाने तक मैं शायद ही कभी अपनी पत्नी को देखकर मुस्कुराता या बात करता था।

मैं बहुत ही बदतमीज और बदमिजाज व्यक्ति था।

'जब आपने मुझसे मुस्कान के साथ अनुभव बताने के बारे में कहा, तो मैंने सोचा कि मैं इसे एक हफ्ते तक आजमाऊंगा। अगली सुबह अपने बालों में कंघी करते हुए मैंने अपने आप को आईने में देखा, तो स्वयं से कहा, "बिल, आज तुम अपनी इस खिचड़ी दाढ़ी को हटाने जा रहे हो। तुम मुस्कुराने जा रहे हो। और यह काम तुम अभी शुरू करने जा रहे हो।" जैसे ही मैं नाश्ता करने के लिए बैठा, मैंने अपनी पत्नी से मुस्कराते हुए "गुड मॉर्निंग, माय डियर" कहा।

'आपने मुझे चेताया था कि वह आश्चर्यचकित हो सकती है। खैर, आपने उसकी प्रतिक्रिया को कम आंका है। वह हैरान थी। वह चौंक उठी। मैंने उससे कहा कि भविष्य में भी वह मुझे ऐसा करते हुए देख सकती है, और मैंने हर सुबह ऐसा करना जारी रखा।

'मेरे इस बदले हुए रवैये के कारण पिछले साल की तुलना इन दो महीनों में हमारा घर खुशियों से सराबोर हो गया।

'घर से कार्यालय की ओर निकलते हुए, मैं अपने अपार्टमेंट के लिफ्ट ऑपरेटर को मुस्कराते हुए "गुड मॉर्निंग" कहता हूं। मैं दरबान को अभिवादन करता हूं। खुले पैसे मांगते समय मैं भूमिगत मार्ग के बूथ के कैशियर को देखकर मुस्कुराता हूं। स्टॉक एक्सचेंज में अब मैं उन सभी लोगों को देखकर मुस्कुराता हूं, जिन्होंने अब तक मुझे कभी मुस्कुराते हुए नहीं देखा होगा।

'जल्द ही मैंने पाया कि वे सब भी मुझे देखकर मुस्कुरा रहे थे। मैं उन सभी लोगों के साथ विनम्रतापूर्वक व्यवहार करता हूँ जो मेरे पास शिकायत या समस्यायें लेकर आते हैं। उनकी बातें सुनकर मैं मुस्कुराता हूं और पाता हूं कि समायोजन बहुत आसानी से हो जाता है। मैंने पाया है कि मुस्कान से मुझे डॉलरों में कमाई हो रही है, प्रतिदिन कई डॉलर की कमाई।'

इस दुनिया में सभी लोग खुशी की तलाश में हैं- और इसे पाने का एक निश्चित तरीका है। यह अपने विचारों पर नियंत्रण करके प्राप्त हो सकता है। खुशी बाहरी स्थितियों पर निर्भर नहीं होती है। यह आंतरिक स्थितियों पर निर्भर करती है।

प्राचीन चीनी लोग बहुत बुद्धिमान थे वे दुनियावी तौर-तरीकों में बेहद बुद्धिमान लोग थे; और उनके पास एक ऐसी कहावत थी जिसे हमेशा याद रखा जाना चाहिए।

वह कहावत है: 'ऐसे व्यक्ति को दुकान नहीं खोलनी चाहिए जिसके चेहरे पर मुस्कराहट न हो।'

आपकी मुस्कान ही आपकी सद्भावना की अग्रदूत है। आपकी मुस्कान जिसे भी प्राप्त होती है, उनके जीवन को उज्ज्वल कर देती है।

किसी ऐसे व्यक्ति के लिए, जिसने दर्जनों लोगों को भौंहें

और बाहें चढ़ाते, या मुंह मोड़ते हुए देखा है, आपकी मुस्कान बादलों की ओट से निकलते हुए सूरज की तरह हो सकती है।

विशेषकर जब कोई व्यक्ति अपने मालिकों, ग्राहकों, शिक्षकों, माता-पिता या बच्चों के दबाव में हो, तो आपकी महज एक मुस्कान उसे यह महसूस कराने में मददगार हो सकती है कि सब कुछ निराशाजनक नहीं है - और यह दुनिया अब भी खुशगवार है।

किसी ऐसे व्यक्ति के लिए, जिसने दर्जनो लोगों को भौंहें और बाहें चढ़ाते, या मुंह मोड़ते हुए देखा है, आपकी मुस्कान बादलों की ओट से निकलते हुए सूरज की तरह हो सकती है।

विशेषकर जब कोई व्यक्ति अपने मालिकों, ग्राहकों, शिक्षकों, माता-पिता या बच्चों के दबाव में हो, तो आपकी महज एक मुस्कान उसे यह महसूस कराने में मददगार हो सकती है कि सब कुछ निराशाजनक नहीं है - और यह दुनिया अब भी खुशगवार है।

नियम 14: मुस्कान आपके द्वारा धारण किया जाने वाला सबसे अच्छा आभूषण है।

एक सदाबहार और उजली मुस्कान देने में कोई बहुत अधिक लागत नहीं आती, लेकिन सुबह की पहली किरण की तरह यह अंधकार को हर लेती है और चारों ओर उजाला कर देती है।

—एफ. स्कॉट फिट्जगेराल्ड

दूसरे व्यक्ति के विचारों और इच्छाओं के प्रति सहानुभूति रखें।

—डेल कार्नेगी

15
यदि आप ऐसा नहीं करते हैं, तो आप समस्या आमंत्रित कर रहे हैं

मैंने एक बार जिम फारले का साक्षात्कार लिया था और उनसे उनकी सफलता का रहस्य पूछा। उन्होंने कहा, 'कठोर परिश्रम,' और मैंने कहा, 'मजाक मत करो।'

फिर उन्होंने मुझसे पूछा कि मेरी नजर में उनकी सफलता का क्या कारण है। मैंने उत्तर दिया: 'मुझे लगता है कि आप दस हजार लोगों को उनके नाम से बुला सकते हैं।'

'नहीं' आप गलत हैं, 'उन्होंने कहा। 'मैं पचास हजार लोगों को उनके नाम से बुला सकता हूँ।'

इसके बारे में कोई गलती न करें। उनकी इस क्षमता ने सफल होने में उनकी मदद की।

1932 में, मिस्टर फार्ली ने फ्रैंकलिन डी. रूजवेल्ट के अभियान का कुशल प्रबंधन करके उन्हें व्हाइट हाउस तक पहुंचने में सहायता की।

जिम फार्ली ने एक जिप्सम कंपनी में सेल्समैन के रूप में काम करते समय और स्टोनी प्वाइंट कार्यालय में टाउन क्लर्क के पद पर कार्य करते समय लोगों के नाम याद रखने की यह प्रणाली विकसित की थी।

शुरुआत में, यह बहुत सरल था। जब भी वे किसी नए व्यक्ति से मिलते थे, तो वे उसका पूरा नाम, परिवार, व्यवसाय और राजनीतिक विचारों के बारे में जानकारी एकत्र कर लिया करते थे। इन सभी जानकारियों को वे अपने मस्तिष्क में एक तस्वीर के रूप में दर्ज कर लेते थे, और अगली बार जब भी वे उस व्यक्ति से मिलते, भले ही वे एक साल बाद क्यों न मिल रहे हों, वे उस व्यक्ति से हाथ मिलाते, उसके परिवार के बारे में जानकारी लेते और यहां तक कि उनके घर के पिछवाड़े में लगे गुड़हल के पेंड़ के बारे में भी पूछते। इसमें कोई आश्चर्य की बात नहीं है कि इस गुण से उन्होंने बड़ी संख्या में अपने शुभचिंतक तैयार कर लिए!

राष्ट्रपति पद के लिए रूजवेल्ट के अभियान आरंभ होने से महीनों पहले, जिम फार्ले ने समूचे पश्चिमी और उत्तर-पश्चिमी राज्यों के लोगों को प्रतिदिन सैकड़ों पत्र लिखे। फिर उन्होंने एक ट्रेन पकड़ी और अगले 19 दिनों में 20 राज्यों और 12,000 मील की दूरी तय की। यह दूरी तय करने में उन्होंने बग्गी, ट्रेन, कार, स्कूटर और नाव आदि तमाम यात्रा माध्यमो का इस्तेमाल किया। वे सुबह के नाश्ते, दोपहर भोज, शाम की चाय या रात्रिभोज पर अपने किसी भी परिचित के पास पहुंच जाया करते और उनसे 'सीधे दिल से दिल की बात' किया करते थे। इसके बाद वे अपनी यात्रा के अगले पड़ाव की ओर चल देते थे।

जैसे ही वह पूर्वी राज्य में वापस लौटे, उन्होंने प्रत्येक शहर में एक व्यक्ति को पत्र लिखकर उन सभी मेहमानों की सूची मांगी, जिनसे उन्होंने मुलाकात की थी। अंतिम सूची में हजारों नाम शामिल थे: हालाकि उस सूची के प्रत्येक व्यक्ति को जेम्स फार्ले की ओर से बड़ी बारीकी से उनकी खुशामद करता हुआ एक व्यक्तिगत पत्र प्राप्त हुआ था। आमतौर पर ये पत्र 'प्रिय

बिल' या 'प्रिय जेन' के संबोधन से आरंभ होते थे और उन पर हमेशा 'जिम' के हस्ताक्षर होते थे।

जिम फार्ले ने अपने जीवन की शुरुआत में ही यह बात पता लगा ली थी कि आम आदमी को अन्य किसी नाम के बजाय सिर्फ अपने नाम में अधिक रुचि होती है। व्यक्तियों के नाम याद रखें और उन्हें सहजता से पुकारें, और यह अपने आप में एक बारीक और प्रभावी खुशामद है। लेकिन नाम भूल जाना या गलत नाम से संबोधन करना आपको भारी नुकसान में डाल सकता है। उदाहरण के लिए, मैंने एक बार पेरिस में एक सार्वजनिक संबोधन पाठ्यक्रम का आयोजन किया और इस पाठ्यक्रम के फॉर्म एक पत्र सहित शहर के सभी अमेरिकी निवासियों को भेजे। अंग्रेजी के अल्प ज्ञान वाले फ्रांसीसी टाइपिस्टों ने उन पत्रों में नाम लिखे थे और स्वाभाविक रूप से उनसे नामों की वर्तनी में अनेक गलतियाँ हुई थीं। पेरिस में एक बड़े अमेरिकी बैंक के मैनेजर ने मुझे फटकार लगाते हुए एक पत्र लिखा क्योंकि पत्र में उनका नाम गलत लिखा हुआ था।

कभी-कभी किसी नाम को याद रखना मुश्किल होता है, विशेषकर अगर उस नाम का उच्चारण मुश्किल हो। इसका सही उच्चारण सीखने के बजाय, बहुत से लोग इसकी अनदेखी कर देते हैं अथवा व्यक्तियों को किसी सरल उपनाम से पुकारते हैं। सिड लेवी ने निकोडेमस पापाडोपोलोस नामक एक ग्राहक को फोन किया। ज्यादातर लोगों उसे सिर्फ 'निक' उपनाम से संबोधित करते थे। लेवी ने हमें बताया: 'मैंने उसे फोन करने से पहले कई बार उसके नाम का सही उच्चारण करने का अभ्यास किया। जब मैंने उन्हें उनके पूरे नाम से अभिवादन किया: ''नमस्कार, श्रीमान निकोडेमस पापाडॉलोस,'' तो वे आश्चर्यचकित रह गए। कई मिनट तक उनकी ओर से कोई जवाब नहीं आया। अंत में,

उन्होने आँसू झलकाते हुए कहा, "मिस्टर लेवी, मैं पंद्रह वर्षों से इस देश में रह रहा हूँ, कभी किसी ने भी मेरा सही नाम लेकर पुकारने का प्रयास नहीं किया।"

लोगों को अपने नाम पर इतना गर्व होता है कि वे हर कीमत पर इसे बनाए रखना चाहते हैं।

यहाँ तक कि बड़बोले और गुस्सैल पी.टी. बरनम, जो अपने समय के सबसे महान शोमैन थे, इस बात से बेहद निराश थे कि उनका कोई पुत्र जीवित नहीं था जो उनके नाम से वंश को आगे बढ़ाता। इसलिए, उन्होंने अपने पोते सी.एच. सीली से कहा कि यदि अगर वह अपना नामकरण 'बरनम सीली' कर लेगा, तो वे उसे $25,000 डॉलर देंगे।

लोगों को अपने नाम पर इतना गर्व होता है कि वे हर कीमत पर इसे बनाए रखना चाहते हैं।

यहाँ तक कि बड़बोले और गुस्सैल पी.टी. बरनम, जो अपने समय के सबसे महान शोमैन थे, इस बात से बेहद निराश थे कि उनका कोई पुत्र जीवित नहीं था जो उनके नाम से वंश को आगे बढ़ाता। इसलिए, उन्होंने अपने पोते सी.एच. सीली से कहा कि यदि अगर वह अपना नामकरण 'बरनम सीली' कर लेगा, तो वे उसे $25,000 डॉलर देंगे।

सदियों से राजाओं, सामंतों और रईसों ने कलाकारों, संगीतकारों और लेखकों को आर्थिक रूप से आश्रय दिया ताकि उनके रचनात्मक कार्यों और कलाओं को नामकरण उनके नाम पर हो।

पुस्तकालय और संग्रहालय अपने सबसे समृद्ध संग्रह का श्रेय प्रायः उन व्यक्तियों को देते हैं, जो यह बात सोचना तक बर्दाश्त नहीं कर सकते कि उनका नाम नस्ल की स्मृति से गायब हो सकता है।

न्यूयॉर्क पब्लिक लाइब्रेरी के अपने स्वयं के एस्टोर और

लेनॉक्स संग्रह हैं। मेट्रोपॉलिटन म्यूजियम बेंजामिन ऑल्टमैन और जेपी मॉर्गन के नामों को कायम रखे हुए है। और लगभग प्रत्येक चर्च की रंगीन काँच की खिड़कियों पर दानदाताओं के नाम उत्कीर्ण हैं। अधिकांश विश्वविद्यालयों की इमारतों पर उन दानदाताओं के नाम उत्कीर्ण हैं, जिन्होंने इसकी प्रतिष्ठा के लिए बड़ी रकम दान में दी।

अधिकांश लोगों को नाम इसलिए याद नहीं रहते क्योंकि वे अपने दिमाग में नामों को अमिट रूप से याद रखने के लिए ध्यान केंद्रित करने में और उन नामों को दोहराने में वांछित समय और ऊर्जा व्यय नहीं करते हैं। वे इसके लिए बहाने बनाते है; कि वे बहुत व्यस्त हैं।

लेकिन वे शायद फ्रैंकलिन डी. रूजवेल्ट से ज्यादा व्यस्त नहीं थे, जो अपने संपर्क में आये मैकेनिकों तक के नाम याद रखा करते थे।

रूजवेल्ट जानते थे कि लोगों की सद्भावना हासिल करने का सबसे सरल, स्पष्ट और महत्वपूर्ण तरीका उनका नाम याद रखना और उन्हें महत्वपूर्ण महसूस कराना था - फिर भी हममें से कितने लोग ऐसा करते हैं?

आधे से ज्यादा बार ऐसा होता है कि जब हम किसी अजनबी से मिलते हैं, तो कुछ मिनट बात करने के बाद विदा लेने के समय तक भी हम उनका नाम याद नहीं रख पाते हैं।

फ्रांस के सम्राट और महान नेपोलियन के भतीजे नेपोलियन तृतीय ने यह गर्वोक्ति की थी कि अपने तमाम राजसी कर्तव्यों के बावजूद वह उस प्रत्येक व्यक्ति का नाम याद रख सकता है, जिससे वह मिला हो।

आखिर उसकी तकनीक क्या थी? इसका उत्तर बेहद सरल है। अगर उसे कोई नाम स्पष्ट रूप से सुनाई नहीं दिया, तो

वह कहता होगा, 'क्षमा कीजिए, मैं आपका नाम ठीक से नहीं सुन पाया। और यदि किसी का नाम असामान्य लगता था, तो वह कहता होगा, 'इसे कैसे लिखा जाता है?'

बातचीत के दौरान, वे कई बार नाम दोहराने की कोशिश करते थे और उसे अपने मन में उस व्यक्ति की विशेषताओं, अभिव्यक्ति और नैन-नक्श से जोड़ने की कोशिश करते थे।

और यदि वह कोई महत्वपूर्ण व्यक्ति होता, तो नेपोलियन और भी अधिक प्रयास किया करता था। जब भी नेपोलियन अकेले होते, कागज के एक टुकड़े पर नाम लिखते, उसे गौर से देखते, उस पर ध्यान केंद्रित करते और उसे अपने दिमाग में सुरक्षित रखने के बाद कागज को फाड़ दिया करते थे। इस तरह, वे उस नाम की छवि अपनी आँखों और कानों में सुरक्षित कर लिया करते थे।

हमारे पास किसी नाम में निहित जादू के बारे में जानकारी होनी चाहिए और हमें यह समझना चाहिए कि यही ऐसी एकमात्र वस्तु है जो पूरी तरह से उस व्यक्ति के आधिपत्य में होती है, जिसके साथ हम काम कर रहे हैं ... और कोई नहीं।

यह नाम ही है जो व्यक्तियों को अन्य लोगों से अलग और अद्वितीय बनाता है। यदि हम किसी विशेष स्थिति में व्यक्ति को नाम लेकर पुकारते या संबोधित करते हैं, तो हमारे द्वारा दी जाने वाली जानकारी या किया जाने वाला अनुरोध बहुत महत्वपूर्ण हो जाता है। चाहे वेटर हो या वरिष्ठ अधिकारी, नाम का अपना एक जादू होता है।

नियम 15: चाहे कोई भी भाषा हो, व्यक्ति का नाम उसके लिए सबसे मधुर और सबसे महत्वपूर्ण ध्वनि होती है।

हमें पहले की तुलना में थोड़ा बड़ा या थोड़ा छोटा बनाने के लिए एक ही दिन काफी है।

—पॉल क्ली

इस दुनिया में सभी लोग खुशी की तलाश में हैं— और इसे पाने का एक निश्चित तरीका है। यह अपने विचारों पर नियंत्रण करके प्राप्त हो सकता है। खुशियाँ बाहरी स्थितियों पर निर्भर नहीं होती हैं। यह आंतरिक स्थितियों पर निर्भर करता है।

—डेल कार्नेगी

16
अच्छी संवाद क्षमता विकसित करें

कुछ समय पहले, मैं एक ब्रिज पार्टी में गया था। मैं ब्रिज नहीं खेलता- और वहां एक महिला भी थी जो ब्रिज नहीं खेलती थी।

वे मुझे देखकर पहचान गयी थी कि रेडियो वार्ता के लिए जाने के पहले मैं लोवेल थॉमस फर्म में मैनेजर रह चुका था और मैंने समूचे यूरोप में बहुत सी यात्रायें की थी और मैंने सजीव यात्रा वार्तायें तैयार करने में मदद की थी।वे बोलीं: 'मिस्टर कार्नेगी, क्या आप मुझे उन सभी अद्भुत जगहों के बारे में बतायेंगे, जिनका आपने भ्रमण किया हो।'

जैसे ही हम बात करने के लिए सोफे पर बैठे, उन्होंने बताया कि वे हाल ही में अपने पति के साथ अफ्रीका की यात्रा से लौटी हैं। 'अफ्रीका!' मैंने आश्चर्यचकित होते हुए पूछा। 'वाह क्या बात है! मैं हमेशा से अफ्रीका देखना चाहता था, लेकिन एक बार अल्जीयर्स में चौबीस घंटे ठहरने के अलावा मैं वहां कभी नहीं गया। क्या आप बड़े जंगलों वाले स्थानों पर भी गयी हैं? हाँ? आप कितनी भाग्यशाली हैं। मुझे आपसे स्पृहा हो रही है। मुझे अफ्रीका के बारे में विस्तार से बताइये।'

मैं इसी तरह उनसे 45 मिनट तक बातें करता रहा। उन्होंने मुझसे एकबार भी नहीं पूछा कि मैंने कहाँ - कहाँ की सैर की है अथवा क्या-क्या देखा है। उन्हें मेरी यात्राओं के बारे में

कोई रुचि नहीं थी। वे बस एक तल्लीन श्रोता चाहती थीं जो उनके यात्रा विवरणों को पूरी तन्मयता के साथ सुने और इस तरह वे अपने अहंकार का विस्तार कर सकें और बता सकें कि वे कहाँ-कहाँ जा चुकी हैं।

क्या वे असामान्य थी? नहीं। कई लोग ऐसे ही हैं।

उदाहरण के लिए, मैं न्यूयॉर्क के एक पुस्तक प्रकाशक द्वारा दिए गए रात्रिभोज में एक प्रतिष्ठित वनस्पतिशास्त्री से मिला। इसके पहले मैंने कभी किसी वनस्पति शास्त्री से बात नहीं की थी, और मुझे उनकी बातें आकर्षक लगीं। वास्तव में मैं अपनी कुर्सी के किनारों पर बैठकर उन्हें सुनता रहा। वे विदेशी नस्ल के पौधों, पादप जीवन के नए रूपों और इनडोर उद्यानों के विकास में प्रयोगों के बारे में बता रहे थे (यहां तक कि उन्होंने मुझे आलू के बारे में भी अनेक आश्चर्यजनक तथ्य बताए)। मेरे घर में भी एक छोटा सा इनडोर गार्डन था - और उन्होंने बागवानी संबंधी मेरी कुछ समस्याओं को दूर करने के बारे में पर्याप्त जानकारियां दीं।

जैसा कि मैंने आपको बताया, कि हम एक रात्रिभोज में थे। वहाँ एक दर्जन से अधिक अतिथि रहे होंगे, लेकिन मैंने शिष्टाचार के सभी मानकों का उल्लंघन किया और सभी को नजरअंदाज करते हुए वनस्पति शास्त्री से घंटों बातचीत की।

बात करते - करते आधी रात हो गयी। मैंने सभी को शुभरात्रि कहा और वहां से चला गया। इसके बाद वे वनस्पति शास्त्री मेजबान की ओर मुखातिब हुए और मेरे बारे में प्रशंसापूर्ण शब्द कहे। उनके अनुसार मैं 'सबसे अधिक विचारोत्तेजक' व्यक्ति था। उन्होंने मेरी प्रशंसा में अनेक कसीदे पढ़े और उन्होंने अपनी बात यह कहकर समाप्त की कि मैं 'सबसे दिलचस्प संवादक' था।

एक दिलचस्प संवादक? आखिर उन्होंने मेरे बारे में ऐसा

क्यों कहा? जबकि मैंने तो बमुश्किल कुछ ही शब्द बोले थे।

अगर मैं चाहता भी तो विषय को बदले बिना एक शब्द भी नहीं बोल सकता था, क्योंकि मेरे पास वनस्पति विज्ञान के बारे में उतना ही ज्ञान था, जितना पैंगुइन की शारीरिक संरचना के बारे में है। मैंने सिर्फ उन्हें ध्यान से सुना था। मैंने उन्हें इसलिए तल्लीनता से सुना क्योंकि मैं वास्तव में रुचि रखता था। और उन्होंने मेरे बारे में यही महसूस किया। स्वाभाविक रूप से, वे मेरी इसी बात से प्रसन्न हुए थे। इस तरह किसी को तल्लीनता से सुनना उसे सबसे अधिक सम्मान देने का एक तरीका है। जैक वुडफोर्ड ने 'स्ट्रेंजर्स इन लव' में लिखा है कि ''कुछ ही मनुष्य ऐसे होते हैं जिन पर इस बात का प्रभाव नहीं पड़ता कि कोई उन्हें कितनी तल्लीनता से सुन रहा है।'' मैंने तो उन्हें तल्लीनता दर्शाने से कहीं अधिक तवज्जो दी थी। मैं 'किसी व्यक्ति की प्रशंसा करने में हार्दिक उदार था।'

किसी के निजी जीवन के बारे में सुनना उतना ही महत्वपूर्ण है, जितना कि उनकी व्यवसाय दुनिया के बारे में जानना।

क्रोटन-ऑन-हडसन, न्यूयॉर्क की निवासी मिल्ली एस्पोसिटो ने अपने बच्चों की बातें ध्यान से सुनने की आदत विकसित कर ली थी। एक शाम वे अपने पुत्र रॉबर्ट के साथ रसोईघर में बैठी थी, और अपने मन में चल रही किसी बात पर कुछ देर चर्चा करने के बाद रॉबर्ट ने कहा: 'माँ, मैं जानता हूँ कि तुम मुझसे बहुत प्यार करती हो।'

किसी के निजी जीवन के बारे में सुनना उतना ही महत्वपूर्ण है, जितना कि उनकी व्यवसाय दुनिया के बारे में जानना।

यह बात श्रीमती एस्पोसिटो के मन को छू गयी और उन्होंने कहा: 'मैं सच में तुम्हें बहुत प्यार करती हूँ। क्या तुम्हें इसमें कोई संदेह था?'

रॉबर्ट ने जवाब दिया: 'नहीं, लेकिन मुझे पता है कि आप मुझसे प्यार करती हैं क्योंकि जब भी मैं आपसे कोई बात करना चाहता हूं, आप अपना सारा काम छोड़ कर मेरी बात सुनती हैं।'

कई साल पहले की बात है - एक सुबह डेटमर वूलन कंपनी, जो आगे चलकर सिले हुए ऊनी कपड़े के व्यापार में दुनिया की सबसे बड़ी वितरक कंपनी बन गयी थी, के संस्थापक जूलियन एफ. डेटमर के कार्यालय में एक क्रोधित ग्राहक आया।

'इस ग्राहक पर हमारी छोटी सी रकम बकाया है,' श्री डेमर ने मुझे बताया। 'ग्राहक ने इनकार कर दिया, लेकिन हम जानते थे कि वह गलत था। इसलिए हमारे क्रेडिट विभाग ने उसे जोर देकर भुगतान करने को कहा। हमारे क्रेडिट विभाग से कई नोटिस प्राप्त होने के बाद, उसने अपना सामान पैक किया और शिकागो की यात्रा पर निकल गया, और सिर्फ यह बताने के लिए मेरे ऑफिस में आया कि वह उस बिल का भुगतान नहीं करने जा रहा, और अब वह कभी भी डेटमर वूलन कंपनी से कोई सामना नहीं खरीदेगा।

'मैंने धैर्यपूर्वक उनकी सारी बातें सुनीं। मेरा मन हो रहा था कि उनकी बात काट दूं, लेकिन मुझे यह एहसास हुआ कि ऐसा करना उचित नहीं होगा। इसलिए मैंने उसे अपनी बात कहने दी। आखिरकार जब वह नाराज ग्राहक शांत हुआ और कुछ सुनने की मुद्रा में आए, तो मैं धीरे से बोला: ''मुझे यह बताने के लिए शिकागो तक आने के लिए मैं आपको धन्यवाद देना चाहता हूं। आपने मुझ पर बड़ा उपकार किया है। यदि हमारे क्रेडिट विभाग ने आपको नाराज किया है, तो वह अन्य अच्छे ग्राहकों को भी नाराज कर सकता है, और यह बहुत बुरा होगा। मेरा विश्वास करो, यह सब सुनने के लिए मैं आपसे कहीं अधिक उत्सुक हूँ।

'उसे मुझसे ऐसी बात सुनने की उम्मीद नहीं थी। मुझे लगता है कि मेरी प्रतिक्रिया से वह थोड़ा निराश हुआ था, क्योंकि वह मुझसे दो टूक बातें करने के लिए शिकागो आया था, लेकिन उसकी बात पर विपरीत प्रतिक्रिया देने के बजाय मैं उसे धन्यवाद दे रहा था। मैंने उसे आश्वासन दिया कि हम अपने बही खातों से इस बकाया को मिटा देंगे और भूल जाएंगे। क्योंकि वह बहुत सावधान व्यक्ति था, जिसे केवल एक ही बात का हिसाब-किताब रखना था, जबकि हमारे क्लर्कों को हजारों खातों की देखभाल करनी पड़ती थी। इसलिए, हमारी तुलना में उसके गलत होने की संभावना काफी कम थी।

'मैंने उससे कहा कि मैं यह बात अच्छी तरह से समझता हूँ कि उसे कैसा महसूस हो रहा है और यदि मैं उसकी जगह होता, तो मुझे भी ठीक वैसा ही महसूस होता।चूंकि अब वह भविष्य में हमसे कुछ भी खरीदना नहीं चाहता था, इसलिए मैंने उसे कुछ अन्य ऊनी वस्त्र विक्रेताओं के नाम सुझाये।

'पूर्व में, जब वह शिकागो आया था तो हम आमतौर पर एक साथ दोपहर भोज किया करते थे, इसलिए मैंने उसे अपने साथ दोपहर भोज के लिए आमंत्रित किया। उसने कुछ अनिच्छा के साथ मेरा प्रस्ताव स्वीकार किया, लेकिन जब हम दोपहर भोज के बाद ऑफिस वापस आए तो उसने हमें पहले से भी बड़ा आर्डर दिया। जब वह अपने घर लौटा, तो उसका मूड ठीक हो चुका था और वह हमारे साथ उतना ही नरम होना चाहता था, जितना हम उसके साथ थे। उसने अपने बिलों को देखा और पाया कि एक बिल में कुछ त्रुटि थी, और उसने क्षमायाचना के साथ चेक भेज दिया।

'बाद में, जब उनके घर में पुत्र का जन्म हुआ, तो उन्होंने अपने पुत्र के मध्य नाम में डेटमर जोड़ा, और वह बाईस साल

बाद अपने निधन होने तक आजीवन मित्र और ग्राहक बने रहे।'

इस बात को सदैव याद रखें कि आप जिन लोगों से बात कर रहे हैं, वे आपकी समस्याओं के बजाय स्वयं के बारे में और अपनी आकांक्षाओं और समस्याओं के बारे में सौ गुना अधिक रुचि रखते हैं। एक व्यक्ति के लिए उसके दांत का दर्द चीन के अकाल से अधिक मायने रखता है, जिसमें एक लाखों लोग मारे जाते हैं। व्यक्ति की रुचि अफ्रीका में आये 40 से अधिक भूकंपों के बजाय अपने गर्दन पर हुए फोड़े में अधिक होती है। अत: अगली बार किसी व्यक्ति से बातचीत की शुरुआत करते समय यह बात अवश्य याद रखें।

नियम 16: एक अच्छे श्रोता बनें।

*आपको सनकी होना कभी बंद नहीं करना चाहिए।
और आपको कभी भी अपने जीवन की जिम्मेदारी
किसी और को नहीं देनी चाहिए।*

—मैरी ओलिवर

अपने बारे में और अपनी वर्तमान स्थिति के बारे में खेद महसूस करना न केवल ऊर्जा की बर्बादी है, बल्कि आपकी सबसे बुरी आदत हो सकती है।

—डेल कार्नेगी

17
लोगों की दिलचस्पी कैसे जागृत करें

ऐसा प्रत्येक व्यक्ति, जो कभी थियोडोर रूजवेल्ट का अतिथि रहा हो, उनके वैविध्यपूर्ण ज्ञान को लेकर अचंभित था। उनका अतिथि चाहे एक पशुपालक हो या सैनिक, न्यूयॉर्क का कोई राजनीतिज्ञ हो या कूटनीतिज्ञ, रूजवेल्ट अच्छी तरह से जानते थे कि उन्हें किससे क्या बात करनी है। और यह कैसे संभव हुआ? इसका जवाब बहुत सरल था। रूजवेल्ट जब भी किसी अतिथि के आगमन की प्रतीक्षा कर रहे होते थे, तो वे देर रात तक जागकर उस विषय के बारे में जानकारी एकत्र करते थे, जिसमें उनके संभावित अतिथि रुचि रखते हों।

क्योंकि रूजवेल्ट और सभी सफल नेता यह बात जानते हैं, कि किसी व्यक्ति के दिल तक जाने का शाही रास्ता उन विषयों के बारे में बात करना है, जिनमें उस व्यक्ति की सर्वाधिक रुचि हो।

इस समय जबकि मैं इस अध्याय को लिख रहा हूं, मेरे सामने एडवर्ड एल. चालिफ, जो कि बॉय स्काउट के काम में सक्रिय थे, का एक पत्र है।

मिस्टर चालिफ ने लिखा, 'एक दिन मुझे एक अनुग्रह की आवश्यकता प्रतीत हुयी।' यूरोप में स्काउट का एक बड़ा दल

आ रहा था और मैं चाहता था कि अमेरिका के सबसे बड़े निगमों में से एक का अध्यक्ष मेरे एक विद्यार्थी की यात्रा के खर्च का भुगतान करे।

'सौभाग्य से, उस व्यक्ति से मिलने के ठीक पहले मैंने सुना कि उसने एक मिलियन डॉलर का चेक आहरित किया था, और उस चेक के रद्द होने के बाद, उसने उसे फ्रेम करा लिया था।

'तो उनके कार्यालय पहुंचने पर सबसे पहले मैंने उनसे वह चेक दिखाने के लिए कहा। एक लाख डॉलर का चेक! मैंने उनसे कहा कि मैं कभी सोच भी नहीं सकता था कि किसी ने कभी ऐसा चेक लिखा होगा, और मैं अपने विद्यार्थियों को यह बताना चाहता हूँ कि मैंने सच में एक मिलियन डॉलर का चेक देखा है। उन्होंने खुशी-खुशी मुझे वह चौक दिखाया; मैंने इसकी प्रशंसा की और उनसे कहा कि वे मुझे सब विस्तार से बताए कि यह चौक कैसे आहरित हुआ था।'

क्या आपने ध्यान दिया कि मिस्टर चालिफ ने बातचीत की शुरुआत बॉय स्काउट्स, या यूरोप में होने वाले जमावड़े या अपनी मंशा के बारे में बात करके नहीं की? उन्होंने दूसरे आदमी की दिलचस्पी के विषय पर बात की। और इसका परिणाम यहाँ है:

'जिस आदमी का मैं इस समय साक्षात्कार ले रहा था, ने कहा: ओह, पहले यह बताओ कि तुम मुझसे क्यों मिलना चाहते थे? तो मैंने उनसे कहा

श्री चालिफ ने कहा 'यह मेरे लिए बड़े आश्चर्य की बात थी कि उन्होंने न सिर्फ तत्काल मेरी बात मान ली बल्कि और भी बहुत कुछ किया। मैंने उनसे केवल एक लड़के को यूरोप भेजने के लिए आग्रह किया था, लेकिन उन्होंने पांच लड़कों और मुझे यूरोप भेजा। साथ ही साथ मुझे एक हजार डॉलर का क्रेडिट पत्र दिया और हमें सात सप्ताह तक यूरोप में रहने के

लिए कहा। उन्होंने मुझे अपने शाखा अध्यक्षों का परिचय दिया और उन्हें हमारी खातिरदारी में नियुक्त किया। वे स्वयं हमसे पेरिस में मिले और हमें शहर घुमाया। इसके बाद से उन्होंने हमारे कुछ ऐसे विद्यार्थियों को अपने यहाँ नौकरी दी, जिनके माता-पिता कमजोर पृष्ठभूमि के थे, और वे अभी भी हमारे समूह में सक्रिय है।

'फिर भी मैं यह बात अच्छी तरह से जानता हूँ कि अगर मुझे उनकी दिलचस्पी के बारे में जानकारी न होती, और मैंने बातचीत की शुरुआत उन विषयों पर चर्चा करके न की होती, तो आज उन्होंने मुझे जो दिया है, उसका दसवां हिस्सा भी प्राप्त नहीं कर पाता।'

नियम 17: अन्य व्यक्तियों की अभिरुचियों के बारे में बात करें।

जब हम प्रसन्नतापूर्वक देते हैं और कृतज्ञतापूर्वक
स्वीकार करते हैं, तो सबका फायदा होता है।

—माया एंजेलो

18
लोगों को कैसे तत्काल अपना मुरीद बनायें

मैं थर्टी-थर्ड स्ट्रीट, आठवें एवेन्यू, न्यूयॉर्क के डाकघर में एक पत्र की रजिस्ट्री करने के लिए कतार में खड़ा था। मैंने देखा कि डाकघर में बैठा क्लर्क अपने काम से ऊब गया था - एक ही तरह से लिफाफा तौलना, टिकट बांटना, उनमें आवश्यक बदलाव करना और रसीद जारी करना- साल दर साल एक समान नीरस काम। इसलिए मैंने अपने आप से कहा: 'मैं उस क्लर्क को अपने जैसा बनाने की कोशिश करने जा रहा हूँ। जाहिर सी बात है कि उसे अपने जैसा बनाने के लिए, मुझे अपने बारे में नहीं, बल्कि उसके बारे में कुछ अच्छा बोलना चाहिए था। इसलिए मैंने अपने आप से पूछा, क्या वास्तव में ऐसी कोई बात है जिसकी मैं सच्चे मन से प्रशंसा कर सकता हूँ? कभी-कभी ऐसे प्रश्नों का उत्तर देना बहुत कठिन होता है, खासकर कि जब यह प्रश्न अजनबियों के बारे में हो; लेकिन, इस मामले में इसका उत्तर आसान था। तभी मैंने एक ऐसी चीज देखी कि मैं स्वयं को रोक न पाया।

इसलिए जब वह मेरे लिफाफे का वजन कर रहा था, मैंने जोश के साथ कहा: 'काश मेरे सिर पर भी आपकी तरह बाल होते।'

उसने कुछ चौंकते हुए ऊपर देखा। उसके चेहरे पर मुस्कराहट आ गयी थी। 'अरे पहले की तुलना में तो अब मेरे बाल कुछ भी नहीं हैं। किसी समय ये और भी शानदार हुआ करते थे,' उसने विनम्रता से कहा। मैंने उसे भरोसा दिलाया कि भले ही उसके बाल अब पहले की तरह न रहे हों, पर अब भी ये बहुत शानदार हैं। वह बेहद खुश हुआ। उसके साथ मेरी छोटी सी सुखद बातचीत जारी रखी और अंतिम बात जो उसने मुझसे कही, वह यह थी कि: 'कई लोगों ने मेरे बालों की प्रशंसा की है।'

मैं शर्त लगाकर कह सकता हूँ कि उस दोपहर वह खुशी से कुलांचे भर रहा होगा। मैं यह भी शर्त लगाकर कह सकता हूँ कि उस रात उसने घर पहुँचकर अपनी पत्नी को इसके बारे में बताया होगा। मैं शर्त लगाकर कह सकता हूँ कि उसने स्वयं को आईने में निहारकर कहा होगा कि 'मेरे सिर पर ये बाल कितने सुंदर हैं।'

एक बार मैंने इस कहानी को सार्वजनिक रूप से सुनाया था और इसे सुनकर एक व्यक्ति ने मुझसे पूछा: 'आखिर तुम उससे क्या चाहते थे?

आखिर मैं उससे क्या पाने की कोशिश कर रहा था!!! मैं उससे क्या पाने की कोशिश कर रहा था!!!

अगर हम घृणित रूप से इतने स्वार्थी हैं कि बिना किसी निजी स्वार्थ के हम किसी व्यक्ति के बारे में दो शब्द भी प्रशंसा के नहीं बोल सकते - यदि हम सच में इतने तंगदिल हैं - तो निस्संदेह हमें अपने कामों में असफलता ही मिलनी चाहिए।

अरे हाँ, मुझे उस व्यक्ति से कुछ चाहिए था। मैं उससे कुछ अनमोल चीज चाहता था। और वह चीज मुझे मिल गयी। मुझे इस बात का अहसास हुआ कि मैंने बिना किसी स्वार्थ के उसके लिए कुछ किया है, जबकि वह किसी भी तरह मुझे

लाभ पहुंचाने की स्थिति में नहीं था।

यह ऐसा अहसास है जो उस घटना के बीत जाने के अर्से बाद भी आपकी स्मृतियों में रस घोलता रहता है।

मानव आचरण का एक सबसे महत्वपूर्ण नियम है। यदि हम इस नियम का पालन करते हैं, तो शायद हम कभी भी संकट में नहीं पड़ेंगे। वास्तव में, यह नियम हमें अनगिनत मित्र और स्थायी प्रसन्नता प्रदान करेगा। नियम यह है कि: हमेशा दूसरे व्यक्ति को यह एहसास करायें कि वह अत्यंत महत्त्वपूर्ण है।

तो आइए हम इस स्वर्णिम नियम का पालन करें, और दूसरों को वही दें जो हम दूसरो से अपने लिए चाहते हैं।

कैसे? कब? कहाँ? इसका उत्तर है: हर समय, हर जगह।

एउ क्लेयर, विस्कॉन्सिन के डेविड जी. स्मिथ ने हमारी एक कक्षा को बताया कि कैसे उन्होंने एक नाजुक स्थिति को संभाला जब उन्हें एक चौरिटी कॉन्सर्ट में जलपान बूथ का कामकाज देखने के लिए कहा गया।

'संगीत समारोह वाली रात को मैं पार्क में पहुंचा और मैंने जलपान बूथ के बगल में दो बुजुर्ग महिलाओं को बहुत बुरी मन:स्थिति में खड़ा हुआ पाया। जाहिर तौर पर प्रत्येक ने यही सोचा था कि वे इस परियोजना की प्रभारी थीं। मैं वहाँ खड़े-खड़े सोच ही रहा था कि क्या करना चाहिए, तभी प्रायोजक समिति के एक सदस्य ने मुझे एक कैश बॉक्स थमाया और इस परियोजना को संभालने के लिए मुझे धन्यवाद दिया। उसने रोज और जेन का सहायिकाओं के रूप में मुझसे परिचय कराया और भाग गया।

'वहाँ सन्नाटा पसर गया। यह महसूस करते हुए कि वह कैश बॉक्स एक तरह से प्राधिकार का प्रतीक था, मैंने वह कैश बॉक्स रोज को दिया और कहा कि मैं नकदी नहीं संभाल पाऊंगा

और अगर वह यह जिम्मेदारी ले लेगी तो मुझे अच्छा लगेगा।

इसके बाद मैं जेन की ओर मुखातिब हुआ और उससे कहा कि वह दो किशोर कर्मचारियों सोडा मशीन को चलाने का प्रशिक्षण दे, और कामकाज के इस हिस्से को संभाले।

'वह पूरी शाम बहुत खुशनुमा थी। रोज खुशी-खुशी पैसे गिन रही थी, जेन किशोरों की निगरानी कर रही थी, और मैं संगीत समारोह का आनंद ले रहा था।'

किसी को महत्त्वपूर्ण महसूस कराने के इस दर्शन का उपयोग करने के लिए आपको फ्रांस का राजदूत या अपने लॉज की क्लैम्बेक समिति का अध्यक्ष होने की आवश्यकता नहीं है। आप यह जादू प्रायः हर दिन कर सकते हैं।

उदाहरण के लिए, मान लीजिए हमने किसी रेस्टोरेंट में फ्रेंच फ्राइज का ऑर्डर दिया हो, और वेट्रेस उसकी जगह हमारे समक्ष उबले हुए आलू पेश करती है, तो हम उससे इस तरह भी कह सकते हैं, 'आपको तकलीफ देने के लिए मुझे खेद है, लेकिन मुझे फ्रेंच फ्राइज पसंद हैं।' आपके विनम्रतापूर्ण लहजे के कारण वह शायद यही कहेगी, 'कोई बात नहीं, मैं आपके लिए फ्रेंच फ्राइज ले आती हूँ'। ऐसा इसलिए होगा क्योंकि आपने उसके प्रति सम्मान व्यक्त किया है।

छोटे-छोटे वाक्यांश जैसे 'आपको कष्ट देने के लिए मुझे खेद है,' 'क्या आप यह कृपा करेंगे?' 'कृपया?' 'यदि आपको ऐतराज न हो?' 'धन्यवाद' – इस तरह की छोटी-छोटी शिष्टाचारपूर्ण बातें रोजमर्रा के हमारे एकरस जीवन को सुगम कर देती हैं – और संयोगवश, ये परिपक्व होने की निशानी हैं।

नियम 18: अन्य व्यक्ति को महत्वपूर्ण महसूस कराएं।

*दूसरों को नीचा दिखाने वाले लोग
दरअसल स्वयं का ही अपमान करते हैं।*

—डी.बी. हैरोप

पहले स्वयं से पूछें: सबसे बुरा क्या हो सकता है?
फिर उसे स्वीकार करने की तैयारी करें। फिर उस
सबसे खराब स्थिति में सुधार लाने का प्रयास करें।

—डेल कार्नेगी

भाग 3

19

यदि आपको गलती का पता लगाना है, तो शुरुआत करने का यही तरीका है

मेरा एक मित्र केल्विन कूलिज के प्रशासन के दौरान एक सप्ताहांत व्हाइट हाउस में अतिथि के रूप में आमंत्रित था। राष्ट्रपति के निजी कार्यालय में प्रवेश करते समय उन्होने श्रीमान कूलिज को अपनी एक सचिव से यह कहते सुना, 'आज तुमने बहुत सुंदर पोशाक पहनी है और तुम बहुत सुंदर और आकर्षक हो।'

कम बोलने वाले कूलिज ने शायद ही कभी अपनी किसी सेक्रेटरी की इससे ज्यादा शानदार प्रशंसा की थी। यह प्रशंसा इतनी असामान्य और अप्रत्याशित थी, कि वह सेक्रेटरी भ्रम में रहते हुए कुछ शरमा गयी। फिर कूलिज ने कहा, 'अब, इसी में मत अटक जाओ। मैंने अभी-अभी जो कहा, वह तुम्हें अच्छा महसूस कराने के लिए था। तो अब से, मैं यह चाहता हूँ कि तुम अपनी वर्तनी को लेकर ज्यादा सावधान रहो।

उनका तरीका शायद थोड़ा स्पष्ट था, लेकिन मनोविज्ञान शानदार था। अपने अच्छे गुणों की प्रशंसा सुनने के बाद अप्रिय बातें सुनना आसान हो जाता है।

दाढ़ी बनाने से पहले नाई चेहरे पर झाग बनाता है; और

ठीक ऐसा ही मैककिनले ने 1896 में किया था, जब वे राष्ट्रपति पद पर चुनाव लड़ रहे थे। उस समय के प्रमुख रिपब्लिकनों में से एक ने उनके चुनाव अभियान के लिए भाषण लिखा था, जिसे पढ़कर उन्हें लगा कि यह भाषण सिसरो, पैट्रिक हेनरी और डैनियल वेबस्टर की तुलना में कुछ बेहतर था। इस व्यक्ति ने बड़े उल्लास के साथ मैककिनले को अपना अद्वितीय भाषण सुनाया। भाषण में कुछ बेहतरीन बिंदु थे, लेकिन उससे काम नहीं चलने वाला था। मैककिनले उस व्यक्ति की भावनाओं को ठेस नहीं पहुंचाना चाहते थे। वे उस व्यक्ति को हतोत्साहित नहीं करना चाहते थे, लेकिन फिर भी उन्हें 'न' कहना पड़ा। इस बात पर ध्यान दें कि उन्होंने कितनी कुशलता से इसे अंजाम दिया।

'वाह मेरे दोस्त, क्या शानदार भाषण है, सुनकर मजा आ गया,' मैकिन्ले ने कहा। 'कोई और इससे बेहतर भाषण तैयार नहीं कर सकता था। कई अवसरों पर यह कहना बिल्कुल ठीक होता, लेकिन क्या इस विशेष अवसर यह कहना ठीक है? तुम्हारे नजरिये से यह बात एकदम ठीक और स्पष्ट है, लेकिन मुझे पार्टी के नजरिये से भी इसके प्रभाव पर विचार करना होगा। अब घर जाओ और जैसा मैंने बताया, उसके अनुसार फिर से भाषण लिखो और उसकी एक प्रति मुझे भेजो।'

उसने बस यही किया। मैककिनले ने उस भाषण का संपादन किया फिर से भाषण लिखने में उसकी मदद की, और वे चुनाव अभियान के प्रभावी वक्ताओं में से एक बन गए।

फेडरल क्रेडिट यूनियन, फोर्ट मॉनमाउथ, न्यू जर्सी की एक शाखा प्रबंधक डोरोथी रेब्ल्वस्की ने हमारी एक कक्षा को बताया कि कैसे वह अपने एक कर्मचारी को अधिक उत्पादक बनने में मददगार रही थी।

'हाल ही में हमने टेलर ट्रेनी पद पर एक युवा महिला को

काम पर रखा है। हमारे ग्राहकों के साथ उसका संपर्क बहुत अच्छा था। वह व्यक्तिगत लेनदेन को संभालने में बहुत सटीक और कुशल थी। जब शाम को हिसाब - किताब संतुलित करने का समय आया, तो समस्या सामने आयी।

'टेलर प्रमुख मेरे पास आकर दृढ़तापूर्वक बोला कि मैं इस महिला को नौकरी से निकाल दूँ। ''वह हिसाब-किताब के संतुलन में इतनी धीमी है कि हर किसी से मदद मांग रही है'' मैंने उसे बार-बार सिखाया है, पर उसे कुछ समझ नहीं आया। उसे नौकरी से निकाल देना चाहिए।

अगले दिन मैंने उसे तेज गति और सही तरीके से रोजमर्रा के लेन-देन करते हुए देखा, और वह हमारे ग्राहकों के साथ बहुत खुश थी।

'यह पता लगाने में ज्यादा देर नहीं लगी कि उसे खातों को संतुलित करने में परेशानी क्यों हुई थी। ऑफिस बंद होने के बाद मैं उससे बात करने गया। यह स्पष्ट ही है कि वह घबराई हुई और परेशान थी। मैंने ग्राहकों के साथ मित्रतापूर्ण रखने के लिए उसकी प्रशंसा की और काम में सटीकता और गति के लिए बधाई दी। इसके बाद मैंने उसे सुझाव दिया कि हमें नकदी हिसाब-किताब को संतुलित करने में अपनाये जाने वाली प्रक्रिया की समीक्षा करनी चाहिए। जैसे ही उसे यह बात समझ में आ गयी कि मैं उस पर भरोसा करता हूँ, तो उसने आसानी से मेरे सुझावों का पालन किया और जल्द ही इस काम में महारत हासिल कर ली। इसके बाद से हमें उससे कोई समस्या नहीं हुई।'

काम की शुरुआत प्रशंसा से करना ठीक उसी तरह है, जैसे कोई दंत चिकित्सक अपना काम नोवोकेन से शुरू करता है। नोवोकेन के कारण मरीज को दर्द का एहसास भी नहीं होता।

नियम 19: प्रशंसा के साथ शुरूआत करें।

सही होने की तुलना में आलोचनात्मक होना आसान है।

—बेंजामिन डिसरायली

20

आलोचना कैसे करें—और ऐसा करने पर भी नफरत के पात्र न बनें

चार्ल्स श्वाब एक दिन दोपहर के समय अपनी एक स्टील मिल से गुजर रहे थे, जब उन्होंने अपने कुछ कर्मचारियों को धूम्रपान करते हुए देखा। जबकि उनके सिर के ठीक ऊपर एक तख्ती लगी हुई थी, जिस पर साफ-साफ लिखा था - 'धूम्रपान मना है'। क्या श्वाब ने उस तख्ती की ओर इशारा करते हुए कहा होगा, 'क्या तुम पढ़ नहीं सकते?

अरे नहीं, 'श्वाब नहीं ऐसा कुछ नहीं किया। वह उन लोगों के पास गया, और हर व्यक्ति को एक सिगार थमाते हुए कहा, 'मुझे अच्छा लगेगा यदि तुम लोग बाहर जाकर धूम्रपान करोगे।' धूम्रपान करने वाले लोग जानते थे कि उन्होंने नियम तोड़ा है– और उन लोगों ने इस बात के लिए श्वाब की प्रशंसा की कि उन्होंने धूम्रपान करने पर कोई विरोध दर्ज नहीं कराया, बल्कि उन्हें एक छोटा सा उपहार दिया और महत्वपूर्ण महसूस कराया। इस तरह के व्यक्ति से प्यार किए बिना नहीं रहा जा सकता, है ना?

अक्सर इस बात के लिए अधिकारियों की आलोचना की जाती है कि वे अपने अधीनस्थों के लिए सुलभ नहीं होते।

दरअसल, वे बहुत व्यस्त होते हैं, और कभी-कभी उनके सहायक अतिरक्षात्मक हो जाते हैं। वे अपने बॉस को ज्यादा

आगंतुकों से मिलवाकर उनके काम का बोझ बढ़ाना नहीं चाहते। कार्ल लैंगफोर्ड, जो कई वर्षों तक डिज्नी वर्ल्ड के लिए प्रसिद्ध ऑरलैंडो, फ्लोरिडा के मेयर रहे हैं, अक्सर अपने कर्मचारियों को फटकार लगाया करते थे कि वे लोगों को उनसे मिलने से न रोकें। उनका दावा था कि वे 'ओपन-डोर' नीति का पालन करते हैं; फिर भी सचिवों और प्रशासकों द्वारा उनके समुदाय के नागरिकों को उनसे मिलने से रोक दिया जाता है।

अंत में मेयर ने इसका समाधान तलाश लिया। उन्होंने अपने कार्यालय से दरवाजा निकलवा दिया! जिस दिन से उनके कार्यालय का दरवाजा प्रतीकात्मक रूप से निकाल दिया गया, उनके सहयोगियों तक अपने आप यह संदेश पहुँच गया कि महापौर वास्तव में 'ओपन-डोर' नीति का पालन करते हैं।

बस एक तीन-अक्षर के शब्द को बदलने से अक्सर लोगों को बिना अपराध या नाराजगी के विफलता और सफलता के बीच का अंतर स्पष्ट हो सकता है।

बहुत से लोग अपनी आलोचना की शुरुआत सच्ची प्रशंसा के साथ करते हैं और इसके बाद 'लेकिन' शब्द जोड़ते हैं और अपना कथन आलोचना के साथ समाप्त करते हैं।

उदाहरण के लिए, पढ़ाई के प्रति लापरवाह किसी बच्चे के रवैये को बदलने के लिए हम कह सकते हैं, 'जॉनी, हमें सच में तुम्हारे ऊपर गर्व है कि इस सत्र में तुम्हारे अंक अच्छे आये हैं। लेकिन अगर तुमने बीजगणित पर थोड़ा और ध्यान दिया होता तो परिणाम और भी बेहतर होते।'

बहुत से लोग अपनी आलोचना की शुरुआत सच्ची प्रशंसा के साथ करते हैं और इसके बाद 'लेकिन' शब्द जोड़ते हैं और अपना कथन आलोचना के साथ समाप्त करते हैं।

उदाहरण के लिए, पढ़ाई के प्रति लापरवाह किसी बच्चे के

आलोचना कैसे करें–और ऐसा करने पर भी नफरत के पात्र न बनें • 101

रवैये को बदलने के लिए हम कह सकते हैं,

इस मामले में, ज़ॉनी तब तक प्रोत्साहित महसूस कर सकता है, जब तक कि उसे 'लेकिन' शब्द नहीं सुनाई देता। वह प्रशंसा की सच्चाई पर सवाल उठा सकता है। उसे लगा कि प्रशंसा महज असफलता की ओर इशारा करने के लिए की गयी है। इससे विश्वसनीयता पर प्रश्न चिह्न लगेगा, और हम शायद कभी भी पढ़ाई के प्रति जॉनी के दृष्टिकोण को बदलने के अपने उद्देश्यों में सफल नहीं हो पाएंगे।

पर 'लेकिन' शब्द को 'और' से बदलकर इसे आसानी से दूर किया जा सकता है। 'जॉनी, हमें सच में तुम पर गर्व है कि तुमने इस सत्र में अच्छे अंक प्राप्त किये हैं, और यदि अगले सत्र में इसी ईमानदारी से प्रयास जारी रखोगे तो तुम्हारा बीजगणित का ग्रेड भी अन्य विषयों की बेहतर हो सकता है।'

अब, जॉनी इस प्रशंसा को स्वीकार करेगा क्योंकि इसमें असफलता की ओर कोई इशारा नहीं किया गया है। हमने उसका ध्यान उस व्यवहार की ओर आकर्षित किया है, जिसे हम अप्रत्यक्ष रूप से बदलना चाहते थे, और संभावना है कि वह हमारी अपेक्षाओं पर खरा उतरने की कोशिश करेगा।

किसी की गलतियों की ओर ध्यान आकर्षित करना अप्रत्यक्ष रूप से संवेदनशील लोगों पर गहरा प्रभाव डालता है, जो किसी भी प्रत्यक्ष आलोचना से नाराज हो सकते हैं। वूनसॉकेट, रोड आइलैंड की निवासी मार्ज जैकब ने हमारी एक कक्षा को बताया कि कैसे उन्होंने अपने घर में निर्माण कार्य में लगे कुछ लापरवाह श्रमिकों को स्वयं सफाई करने के लिए राजी किया।

शुरुआती कुछ दिनों में, जब श्रीमती जैकब ऑफिस से घर लौटीं, तो उन्होंने देखा कि घर के अहाते में लकड़ी के बुरादे इधर-उधर बिखरा पड़े थे। वे कारीगरों का विरोध नहीं करना

चाहती थी, क्योंकि उन्होंने बेहतरीन काम किया था। इसलिए श्रमिकों के जाने के बाद, उन्होंने और उनके बच्चों ने झाड़ू उठाकर लकड़ी-बुरादे के मलबे को बड़े करीने से अहाते में एक कोने में एकत्र कर दिया। अगली सुबह उन्होने सुपरवाइजर को एक ओर बुलाकर कहा, 'पिछली रात आप लोगों ने सामने के लॉन को जिस स्वच्छता के साथ छोड़ा था, उससे मैं सच में बहुत खुश हूं; यह साफसुथरी अवस्था में था जिससे पड़ोसियों को भी नाराजगी नहीं हुई।' उस दिन के बाद से श्रमिकों ने दिन भर के मलबे को अहाते में एक ओर लगाना शुरु कर दिया और सुपरवाइजर स्वयं सफाई व्यवस्था का निरीक्षण करने आने लगा।

दूसरों की गलतियों को सुधारने का एक प्रभावी तरीका है...

नियम 20: लोगों की गलतियों की ओर अप्रत्यक्ष रूप से इशारा करें।

आलोचना से हम बिना कुछ कहे, बिना कुछ किए
और बिना कुछ हुए आसानी से बच सकते हैं।

—अरस्तु

ज्वलंत उत्साह, सहज बुद्धि और दृढ़ता वे गुण हैं,
जिनसे प्राय: सफलता प्राप्त होती है।

—डेल कार्नेगी

21
पहले अपनी गलतियों के बारे में बात करें

मेरी भतीजी, जोसफीन कार्नेगी, मेरी सचिव बनने के लिए न्यूयॉर्क आयी। वह उन्नीस वर्ष की थी और उसने तीन साल पहले स्नातक की उपाधि हासिल की थी, और उसका व्यावसायिक अनुभव लगभग नगण्य था। वह स्वेज के पश्चिम में सबसे कुशल सचिवों में से एक साबित हुई, लेकिन शुरुआत में, उसमें किसी भी तरह का सुधार होना संदिग्ध था। एक दिन जब मैंने उसकी आलोचना करनी शुरू की, तो मैंने अपने आप से कहा: 'एक मिनट ठहरो डेल कार्नेगी; बस एक मिनट ठहरो। तुम जोसफीन से लगभग दुगनी आयु के हो। तुम्हारे पास व्यापार का दस हजार गुना ज्यादा अनुभव है। आप यह कैसे अपेक्षा कर सकते हैं कि वह आपके दृष्टिकोण, आपके निर्णय, आपकी पहल का शत-प्रतिशत पालन करेगी- भले ही वे औसत दर्जे के हों? और बस एक मिनट, डेल, जब आप उन्नीस साल के थे, तो क्या कर रहे थे? तुम्हें अपनी बेवकूफियां और भूलें याद हैं? वह वक्त याद करों जब तुमने ऐसी ... और वैसी हरकतें की थी?

इस मामले पर ईमानदारी और निष्पक्ष रूप से विचार करने के बाद, मैं इस निष्कर्ष पर पहुँचा कि उन्नीस की उम्र में जोसफीन का बल्लेबाजी औसत मेरी तुलना में कहीं बेहतर है

– और मुझे इस बात का खेद है कि मैं जोसफीन की ज्यादा तारीफ नहीं कर रहा हूं।

इसके बाद से, जब भी मैं जोसफिन का ध्यान उसकी किसी गलती की ओर आकर्षित करना चाहता था, तो मैं यह कहकर अपनी बात शुरू करता था, 'जोसफीन, हालाकि तुमने एक गलती की है, लेकिन भगवान जानते हैं कि यह गलती उतनी बड़ी भी नहीं है, जितनी कई गलतियां मैं कर चुका हूँ। आप सही-गलत के निर्णय की समझ लेकर पैदा नहीं हुए थे। यह समझ केवल समय और अनुभव के साथ आती है, और तुम इस उम्र में मुझसे कहीं बेहतर हो। मैं स्वयं भी बहुत सी मूर्खताओं और बेवकूफियों का पुलिंदा रहा हूं, अतः मुझे तुम्हारी या किसी अन्य व्यक्ति की आलोचना करने की बहुत कम इच्छा है। लेकिन क्या तुम्हें ऐसा नहीं लगता कि यदि तुमने यह काम इस तरह किया होता तो ज्यादा बेहतर होता?

अपनी गलतियों के बारे में सुनना इतना भी मुश्किल नहीं है, अगर आलोचना करने वाला व्यक्ति भी विनम्रतापूर्वक यह स्वीकार करें कि उससे भी ऐसी गलतियां होती रही हैं।

अपनी स्वयं की गलतियों को स्वीकार करना भले ही उनमें सुधार न किया गया हो किसी को अपना व्यवहार बदलने के लिए तैयार कर सकता है। हाल ही में इसका वर्णन टिमोनियम, मैरीलैंड के निवासी क्लेरेंस जेरहुसेन द्वारा किया गया था, जब उन्होंने पाया कि उनका पंद्रह वर्षीय बेटा सिगरेट पीने का प्रयास कर रहा था।

श्री जेरहुसेन ने हमें बताया कि 'स्वाभाविक रूप से, मैं नहीं चाहता था कि डेविड धूम्रपान करे, लेकिन उसकी माँ और मैंने सिगरेट पीते रहे हैं; और हम हर समय उसके समक्ष एक बुरा उदाहरण प्रस्तुत कर रहे थे। मैंने डेव को समझाया कि कैसे

मैंने उसकी उम्र में धूम्रपान करना शुरू किया था और कैसे निकोटीन ने मुझसे मेरी तमाम अच्छाइयां छीन लीं और अब मेरे लिए इससे छुटकारा पाना लगभग नामुमकिन है।

मैंने उसे याद दिलाया कि मुझे कफ कितना परेशान करता रहा है और किस तरह वह भी कई साल से सिगरेट छोड़ने के लिए मेरे पीछे पड़ा था।

'न मैंने उसे सिगरेट पीना छोड़ने को कहा, न उसे किसी तरह की धमकी दी और न ही इसके खतरों को लेकर कोई चेतावनी दी। मैंने उसे केवल इतना बताया कि मैं किस तरह सिगरेट का आदी बन गया और इसका मेरे लिए क्या मतलब था।

'उसने कुछ देर इसके बारे में सोचा और यह निर्णय लिया कि जब तक वह स्नातक की उपाधि नहीं ले लेता, तब तक वह धूम्रपान नहीं करेगा। वर्ष-दर-वर्ष बीतते गए, लेकिन डेविड ने कभी धूम्रपान शुरू नहीं किया और अब ऐसा करने का उसका कोई इरादा नहीं है।

'उस बातचीत के फलस्वरूप मैंने भी सिगरेट पीना छोड़ देने का निर्णय लिया, और अपने परिवार के सहयोग से मैं इसमें सफल हुआ।'

एक अच्छा नेता इस सिद्धांत का पालन करता है:

नियम 21: दूसरे व्यक्ति की आलोचना करने से पहले अपनी गलतियों के बारे में बात करें।

यदि आपका कोई आलोचक नहीं है तो आपको
सफलता मिलने की संभावना बहुत कम है।

—मैल्कम एक्स

हर समय अपनी देनदारियों और कर्जों के बारे में चिंतित रहने वाले लोग, यदि स्वयं के पास मौजूद धन-संपत्ति के बारे में सोचेंगे, तो वे व्यर्थ चिंता करना छोड़ देंगे।

—डेल कार्नेगी

22
आदेश सुनना कोई भी पसंद नहीं करता

मुझे एक बार प्रख्यात अमेरिकी जीवनीकार मिस इडा तारबेल के साथ भोजन करने का सौभाग्य मिला था। जब मैंने उन्हें बताया कि मैं यह किताब लिख रहा हूं, तो हमने लोगों के साथ घुलने-मिलने जैसे सबसे महत्वपूर्ण विषय पर बातचीत करनी शुरु की, और उन्होंने मुझे बताया कि जब वे ओवेन डी. यंग की जीवनी लिख रही थीं, तो उन्होंने उस व्यक्ति का साक्षात्कार लिया था, जिसने श्री यंग साथ तीन वर्ष तक एक ही कार्यालय में काम किया था। उस व्यक्ति ने बताया कि पूरे कार्यकाल के दौरान उसने कभी भी ओवेन डी. यंग को किसी को सीधे आदेश देते हुए नहीं सुना था। वे हमेशा सुझाव दिया करते थे, आदेश नहीं। उदाहरण के लिए, ओवेन डी. यंग ने कभी नहीं कहा कि 'यह करो या वह करो' या 'यह मत करो या वह मत करो'। इसके बजाय वे इस तरह कहते होंगे, 'आप इस बारे में विचार कर सकते हैं' या 'क्या आपको लगता है कि यह काम करेगा? एक पत्र की डिक्टेशन देने के बाद वे अक्सर कहा करते थे, तुम इस बारे में क्या सोचते हो? अपने एक सहायक द्वारा तैयार किए गए पत्र को देखते हुए, वे कहा करते, 'अगर हम इसे इस तरह से लिखते, तो बेहतर होता।' उन्होंने हमेशा लोगों को

खुद काम करने का अवसर दिया; उन्होंने कभी अपने सहायकों को काम करने का तरीका नहीं बताया; वह उन्हें स्वयं काम करने देते थे, ताकि वे अपनी गलतियों से स्वयं सीखें।

इस तरह की तकनीक से किसी व्यक्ति के लिए अपनी गलतियों को सुधारना आसान हो जाता है। इस तरह की एक तकनीक व्यक्ति के आत्मसम्मान की रक्षा करती है और उसे महत्त्वपूर्ण होने का एहसास कराती है। यह विद्रोह के बजाय सहयोग को प्रोत्साहित करती है।

कठोरता पूर्वक दिए गए आदेश से पैदा होने वाली नाराजगी लंबे समय तक चल सकती है - भले ही वह आदेश किसी खराब स्थिति को सुधारने के लिए दिया गया हो। व्योमिंग, पेन्सिलवेनिया के एक व्यावसायिक स्कूल शिक्षक डैन सैंटारेली ने हमारी एक कक्षा को बताया कि कैसे उनके एक छात्र ने स्कूल की एक दुकान के सामने अपनी कार को अवैध रूप से पार्क करके दुकान में आने-जाने का मार्ग अवरुद्ध कर दिया था। एक प्रशिक्षक आक्रोशित अवसथा में कक्षा में आया और अहंकार भरे स्वर में पूछा, 'दुकान के बाहर किसने अपनी कार अवैध रूप से पार्क की हुई है?' जब उस कार के मालिक छात्र ने जवाब दिया, तो प्रशिक्षक उस पर चिल्लाया: 'तुरंत उस कार को वहां से हटाओं, अन्यथा मैं इसके चारों ओर एक जंजीर लपेट दूंगा और वहां से घसीट कर दूर कर दूंगा।'

इसमें संदेह नहीं कि वह छात्र गलत था। उसे अपनी कार वहां पार्क नहीं करनी चाहिए थी। लेकिन उस दिन से, न केवल उस छात्र ने बल्कि कक्षा के सभी छात्रों ने उस प्रशिक्षक के आदेशों की अवहेलना करनी शुरू कर दी और उसका काम करना दूभर कर दिया।

वह किस तरह इस स्थिति से अलग तरीके से निपट

सकता था? अगर उसने मित्रवत तरीके से पूछा होता, 'ड्राइववे में किसकी कार खड़ी है? और फिर उसने सुझाव दिया होता कि यदि कार को उस स्थान से थोड़ा सरका दिया जाये, तो अन्य कारें भी आसानी से अंदर और बाहर आ सकती हैं, तो वह छात्र खुशी-खुशी अपनी कार वहां से हटा लेता और वह और उसके अन्य सहपाठी परेशान और नाराज नहीं हुए होते।

आदेश देने के बजाय प्रश्न पूछना न केवल स्थिति को सहज बनाता है; बल्कि यह अक्सर लोगों की रचनात्मकता को भी प्रेरित करता है।

लोगों द्वारा उस आदेश को स्वीकार करने की संभावना अधिक होती है, जिस कार्य के निर्णय में उनकी भी भागीदारी हो।

एक प्रभावी नेता इस युक्ति का उपयोग करेगा...

नियम 22: प्रत्यक्ष आदेश देने के बजाय प्रश्न पूछें।

व्यक्ति को केवल प्रतीक्षा और आलोचना ही नहीं करनी चाहिए, बल्कि उसे कारण का ही सर्वोत्तम बचाव करना चाहिए। संसार का भाग्य वैसा ही होगा, जिसके योग्य संसार खुद है।

—अल्बर्ट आइंस्टीन

23

व्यत्तियों को शर्मिंदगी से बचने का अवसर दें

कई वर्ष पहले जनरल इलेक्ट्रिक कंपनी को चार्ल्स स्टेनमेट को किसी विभाग के प्रमुख के पद से हटाने जैसी संवेदनशील स्थिति का सामना करना पड़ा था। स्टेनमेट, विद्‌युत के मामले में अव्वल दर्जे के प्रतिभावान व्यक्ति थे, लेकिन गणना विभाग के प्रमुख के रूप में विफल रहे थे। फिर भी कंपनी ने उन्हें नाराज करने का जोखिम नहीं उठाना चाहती थी। कंपनी के लिए वे अपरिहार्य थे - और अत्यधिक संवेदनशील व्यक्ति थे। तो उन लोगों ने उन्हें एक नया खिताब दिया। कंपनी ने उन्हें जनरल इलेक्ट्रिक कंपनी का कंसल्टिंग इंजीनियर बना दिया- यह काम वे पहले से ही करते आ रहे थे, पर उनके लिए यह नया पद सृजित किया गया था - और किसी अन्य व्यक्ति के उनके पूर्व विभाग का प्रमुख बना दिया गया।

स्टेनमेट खुश थे।

साथ ही साथ जी.ई. कंपनी के अधिकारी भी खुश थे। उन्होंने अपने सबसे चमकीले किंतु संवेदनशील सितारे को कुशलतापूर्वक व्यवस्थित कर लिया था, और इस काम में किसी तरह की नाराजगी भी उत्पन्न नहीं हुई - उन्होंने स्टेनमेट को शर्मिंदगी से बचने का अवसर दिया था।

पहली बात यह कि व्यक्ति को शर्मिंदगी से बचने का अवसर दो! यह काम बहुत महत्वपूर्ण है! और हममें से कितने कम लोग ऐसा करते हैं! इसके बजाय हम दूसरों की भावनाओं पर हावी हो जाते हैं, अपने तरीके से काम कराना चाहते हैं, दोष निकालते हैं, धमकियां देते हैं, दूसरों के सामने किसी बच्चे या कर्मचारी की आलोचना करते हैं, बिना इस बात पर विचार किए कि इससे दूसरे व्यक्ति के आत्मसम्मान पर चोट पहुंचती होगी। जबकि कुछ ही मिनटों के सोच विचार, एक या दो भावपूर्ण शब्द बोलने और दूसरे व्यक्ति के दृष्टिकोण को समझने भर से बात आसानी से बन जाती है!

अगली बार जब हमें किसी कर्मचारी को छुट्टी देने या फटकारने जैसी अरुचिकर स्थिति का सामना करना पड़े, तो इसे याद रखें।

'कर्मचारियों को नौकरी से निकालना कोई बहुत मजेदार काम नहीं है। स्वयं को नौकरी से निकाल दिया जाना तो और भी कम मजेदार है।' (अब मैं मार्शल ए. ग्रेंजर, नामक एक प्रमाणित सार्वजनिक लेखाकार द्वारा मुझे लिखे गए एक पत्र से पंक्तियां उद्धृत कर रहा हूं।) 'हमारा व्यवसाय ज्यादातर मौसमी है। इसलिए आयकर जमा करने के लिए एकत्र हुई भीड़ के समाप्त होने के बाद हमें बहुत से लोगों को नौकरी से बाहर करना होगा।

'हमारे पेशे में यह एक प्रचलित कहावत है कि किसी को भी बिल्ली के गले में घंटी बांधना पसंद नहीं आता। फलस्वरूप, ज्ल्द से जल्द छुटकारा पाने का रिवाज विकसित हो गया है, और आमतौर पर यह निम्नलिखित तरीके से किया जाता है: ''बैठिए, मिस्टर स्मिथ। काम का मौसम समाप्त हो गया है, और फिलहाल हमारे पास आपके लिए कोई और काम नजर नहीं आ रहा है। बेशक, आप जानते थे कि आपको व्यस्त मौसम के लिए ही

कार्य पर तैनात किया गया था, वगैरह-वगैरह।

'नौकरी से निकाले जा रहे इन लोगों पर इसका निराशापूर्ण और "आत्मसम्मान गिरने" जैसा ही प्रभाव होता है। उनमें से अधिकांश लोग जीवनभर लेखा क्षेत्र में कार्यरत रहे हैं, और उनके मन में उस फर्म के लिए किसी तरह का लगाव नहीं होता, जो उन्हें इतनी लापरवाही से नौकरी से निकालती हो।

'हाल ही मैंने अपने एक ऐसे ही एक मौसमी कार्मिक को थोड़ी अधिक कुशलता और सहानुभूति के साथ नौकरी से निकालने का निर्णय किया। इसलिए मैं प्रत्येक कार्मिक द्वारा सर्दियों में किए गए काम को ध्यान में रखकर बड़े सोच-विचार के बाद अंदर बुलाता हूं। और मैंने उनसे कुछ इस तरह कहा:

"मिस्टर स्मिथ, आपने बहुत अच्छा काम किया है (यदि उसके पास है)।" उस समय हमने आपको नेवार्क भेजा था, और तुम्हारे पास एक कठिन काम था। तुमने बहुत अच्छा प्रदर्शन किया है और हम चाहते हैं कि तुम्हें यह पता होना चाहिए कि कंपनी को तुम पर गर्व है। तुम्हारे पास योग्यता है - भविष्य में तुम जहां भी काम करोगे, कामयाबी तुम्हारे कदम चूमेगी। "यह फर्म तुम पर विश्वास करती है, और तुम्हारी सफलता की कामना करती है, और हम चाहते है कि तुम इस बात को सदैव याद रखो।"

'इसका प्रभाव क्या होगा? इससे लोगों के मन में यह मलाल नहीं होता कि उन्हें नौकरी से निकाल दिया गया है। वे "ठगा हुआ" सा महसूस नहीं करते।"

वे जानते हैं कि यदि भविष्य में हमारे पास उनके लिए काम होगा, तो हम उन्हें फिर से काम पर रख लेंगे।

और जब हमें दोबारा उनकी आवश्यकता होगी, तो वे उसी

प्रेम के साथ वापस आयेंगे।'

भले ही हम पूरी तरह से सही हैं और सामने वाला पूरी तरह से गलत है, तो हम केवल उसे नीचा दिखाकर उसके आत्मसम्मान को ठेस पहुंचाते हैं। विख्यात फ्रांसीसी विमानन पुरोधा और लेखक एंटोनी डी सेंट-एक्सुप्री ने लिखा है: 'मुझे ऐसा कुछ भी कहने या करने का कोई अधिकार नहीं है जो किसी व्यक्ति को उसकी ही नजरों में नीचे गिराता हो।

यह महत्त्वपूर्ण नहीं है कि मैं उसके बारे में क्या सोचता हूं, बल्कि यह महत्त्वपूर्ण है कि वह अपने बारे में क्या सोचता है।

किसी व्यक्ति की गरिमा को ठेस पहुँचाना अपराध है।'

एक सच्चा नेता हमेशा इस बात का अनुसरण करेगा कि ...

नियम 23: व्यक्ति को शर्मिंदगी से बचने का अवसर दें।

भले ही मुझे पता हो कि कल दुनिया प्रलय से नष्ट होने वाली है, फिर भी मैं भविष्य के लिए सेब का एक पेड़ लगाऊंगा।

—मार्टिन लूथर

यदि आप अपने द्वारा किए जा रहे काम पर विश्वास करते हैं, तो किसी भी चीज को काम में बाधा न बनने दें। दुनिया के ज्यादातर बेहतरीन काम असंभव प्रतीत होने के बावजूद संपन्न किए गए हैं। जरूरी यह है कि हर हाल में काम पूर्ण हो।

—डेल कार्नेगी

24
लोगों को कैसे प्रोत्साहित करें

पीट बार्लो मेरे पुराने मित्र थे।

वे कुत्तों और घोड़ों के करतब दिखाया करते थे और जीवन भर सर्कस और वॉडविल शो में काम करते रहे। मुझे पीट द्वारा नए कुत्तों को प्रशिक्षित करते देखना अच्छा लगता था।

मैंने देखा कि जैसे ही किसी कुत्ते में थोड़ा सा भी सुधार दिखाई देता, पीट उसकी पीठ थपथपाते और उसे प्रोत्साहित करते हुए मांस का एक टुकड़ा दिया करते थे।

यह कोई नई बात नहीं है।

पशु प्रशिक्षक सदियों से इस तकनीक का उपयोग कर रहे हैं।

मुझे आश्चर्य इस बात पर होता है, कि हम व्यक्तियों को बदलने की कोशिश करते समय इसी सामान्य तकनीक का उपयोग क्यों नहीं करते?

चाबुक की जगह हम मांस या प्रोत्साहन का उपयोग क्यों नहीं करते? हम निंदा के स्थान पर प्रशंसा का उपयोग क्यों नहीं करते? आइए, जरा सा भी सुधार दिखायी पड़ने पर प्रशंसा करें।

यह व्यक्ति को निरंतर सुधार करते रहने के लिए प्रेरित करता है।

मैं जब भी पीछे मुड़कर अपने जीवन को देखता हूं, तो पाता हूँ कि प्रशंसा के चंद शब्दों ने मेरे पूरे भविष्य को तेजी

लोगों को कैसे प्रोत्साहित करें • 115

से बदल दिया है।

क्या आप अपने जीवन के बारे में यही बात नहीं कह सकते? इतिहास प्रशंसा की अनेक दास्तानों से भरा पड़ा हुआ है।

19वीं सदी की शुरुआत में, लंदन का एक नवयुवक लेखक बनना चाहता था।

लेकिन स्थितियां उसके प्रतिकूल दिख रही थीं।

कभी भी वह चार साल से ज्यादा स्कूल नहीं जा पाया था।

कर्ज न चुका पाने के कारण उसके पिता जेल में थे, और उस नवयुवक को अक्सर भूखे रहने का अभ्यास था।

अंतत:, उसे चूहों से भरे एक गोदाम में बोतलों पर लेबल चिपकाने का काम मिल गया, और वह लंदन की मलिन बस्ती के एक छोटे और बदबूदार कमरे में दो अन्य लड़कों के साथ रहा करता था।

उसे अपनी लेखन क्षमता पर इतना कम भरोसा था, कि उसने अपनी पहली पांडुलिपि रात के अंधेरे में चुपके से मेल की थी ताकि कोई उसकी हंसी न उड़ायें।

एक के बाद एक उसकी कई कहानियां संपादकों ने लौटा दी थीं।

अंत में वह महान दिन आया, जब एक कहानी को स्वीकार कर लिया गया।

भले ही इसके लिए उसे एक शिलिंग का भी भुगतान नहीं किया गया था, लेकिन संपादक ने उसकी प्रशंसा की थी।

एक संपादक ने उसे मान्यता दी थी।

इस बात से वह इतना रोमांचित था कि वह बिना किसी उद्देश्य के सड़कों पर अपने गालों पर बह रहे आँसुओं को पोछते हुए घूमता रहा।

एक कहानी के प्रकाशित होने मात्र से उसे जो प्रशंसा और

मान्यता मिली, उसने उसके पूरे जीवन को ही बदल दिया, और यदि वह प्रोत्साहित न हुआ होता, तो शायद उसने अपना पूरा जीवन चूहों से भरे कारखानों में काम करते हुए बिताया होता। आपने शायद उस लड़के के बारे में सुना होगा। उसका नाम चार्ल्स डिकेन्स था।

लंदन में एक और लड़का था जो सूखे माल की दुकान में क्लर्क के रूप काम करके अपना जीवन यापन करता था। वह सुबह 5 बजे उठता था, दुकान में झाड़ू-पोछा लगाता था और दिन में चौदह घंटे गुलाम की तरह काम करता था। यह पूरी तरह से कठोर परिश्रम था और उसने इसे तुच्छ समझा। दो साल तक यह काम करने के बाद वह इसे और बर्दाश्त नहीं कर सका, इसलिए एक सुबह वह उठा और नाश्ते का इंतजार किए बिना पंद्रह मील पैदल चलकर अपनी मां से बात करने पहुँचा, जो एक हाउसकीपर के रूप में काम कर रही थी।

वह उत्तेजित अवस्था में था। उसने अपनी माँ की मिन्नतें कीं। वह रोया। उसने कसम खायी कि अगर उसे भविष्य में उस दुकान में काम करना पड़ा तो वह आत्महत्या कर लेगा। फिर उसने अपने पुराने स्कूल शिक्षक को एक लंबा और भावुकता भरा पत्र लिखा, जिसमें लिखा कि उसका दिल टूट गया है, और अब वह जीना नहीं चाहता। स्कूल शिक्षक ने उसकी थोड़ी सी प्रशंसा की और उसे आश्वासन दिया कि वह सच में बहुत बुद्धिमान है और बेहतर काम का हकदार है और उन्होंने उसे शिक्षक की नौकरी की पेशकश की।

उस प्रशंसा ने उस लड़के का भविष्य बदल दिया और आगे चलकर उसने अंग्रेजी साहित्य के इतिहास पर एक अमिट छाप छोड़ी। आगे चलकर उस लड़के ने अनगिनत सफल किताबें लिखीं और अपनी लेखनी से दस लाख डॉलर से अधिक कमाए। आपने शायद उसके बारे में सुना हो। उनका नाम एच.जी. वेल्स था।

मैं फिर से कहता हूं: इस किताब में बताए गए सिद्धांत तभी काम करेंगे जब वे सीधे दिल से आएंगे। मैं किसी युक्ति की पैरवी नहीं कर रहा हूं। मैं एक नयी जीवनशैली के बारे में बात कर रहा हूं।

मैं लोगों को बदलने की बात कर रहा हूँ। यदि आप और मैं अपने संपर्क में आये लोगों को उनके भीतर निहित गुणों को प्राप्त करने के लिए प्रेरित करते हैं तो हम लोगों को बदलने से कहीं ज्यादा बड़ा काम कर सकते हैं। हम वास्तव में उनकी कायापलट कर सकते हैं।

आपको मेरी बात अतिश्योक्ति लग रही है? अमेरिका के अब तक के सबसे प्रतिष्ठित मनोवैज्ञानिकों और दार्शनिकों में से एक विलियम जेम्स के इन संत विचारों को सुनें:

हमें जिस स्थिति में होना चाहिए, उसकी तुलना में हम केवल आधे जागृत हैं। हम अपने कुल शारीरिक और मानसिक संसाधनों के केवल एक छोटे से हिस्से का उपयोग कर रहे हैं। मोटे तौर पर कहें तो मनुष्य अपनी हद में ही रहता है। उसके पास विभिन्न प्रकार की शक्तियाँ होती हैं जिनका इस्तेमाल करने के लिए वह आदतन विफल रहता है।

जी हाँ, आप सभी पाठक, जो इन पंक्तियों को पढ़ रहे हैं, उनमें अनेक तरह की शक्तियाँ हैं जिनका प्रयोग करने से आप आदतन चूक जाते हैं; और इनमें से एक शक्ति, जिसका शायद आप पूरी तरह से इस्तेमाल नहीं कर रहे हैं, वह है लोगों की प्रशंसा करने की आपकी जादुई क्षमता और उन्हें उनकी छिपी संभावनाओं को प्राप्त करने के लिए प्रेरित करना।

आलोचना के कारण व्यक्ति की योग्यताएँ कुम्हला जाती हैं; और प्रोत्साहन के जरिये निखर जाती हैं। अधिक प्रभावशाली नेता बनने के लिए इसका इस्तेमाल करें...

नियम 24: हर सुधार की प्रशंसा करें।

सभी चीजों के प्रति अपने हृदय में उदारता होना;
यही न्याय की प्रकृति है।

—कन्फ्यूशियस

25
लोगों को यथायोग्य सम्मान दें

आप उस समय क्या करते हैं जब कोई अच्छा कार्मिक अचानक घटिया काम करने लगे? आप उसे नौकरी से निकाल सकते हैं, लेकिन इससे समस्या का समाधान नहीं निकलता। आप कार्मिक को डांट सकते हैं, लेकिन यह आमतौर पर नाराजगी का कारण बनता है। लोवेल, इंडियाना के एक बड़ी ट्रक डीलरशिप के सेवा प्रबंधक हेनरी हेन्के के पास एक मैकेनिक था, जिसका काम संतोषजनक नहीं रह गया था। उसे डांटने या फटकारने के बजाय श्री हेंके ने उसे अपने कार्यालय में बुलाया और उससे गर्मजोशी के साथ बात की।

उन्होंने कहा, 'बिल, तुम एक अच्छे मैकेनिक हो। आप कई वर्षों से इस क्षेत्र में काम कर रहे हैं। आपने ग्राहकों की संतुष्टि के लिए अनेक वाहनों की मरम्मत की है। वास्तव में, हमें तुम्हारे काम को लेकर ढेर सारी तारीफें मिली हैं। फिर भी, पिछले कुछ समय से, काम को पूरा करने में लगने वाला समय बढ़ रहा है और तुम्हारा काम अपने पुराने मानकों पर खरा नहीं उतर रहा है। चूंकि तुम पहले एक उत्कृष्ट मैकेनिक रहे हो, मुझे यकीन है कि तुम यह जानना चाहोगे कि मैं इस स्थिति से खुश नहीं हूं, और शायद हम मिलकर इस समस्या को दूर करने का कोई तरीका ढूंढ सकते हैं।'

बिल ने जवाब दिया कि उसे यह पता नहीं था कि उसके काम का स्तर नीचे गिर रहा था और उसने अपने बॉस को आश्वासन दिया कि जो भी काम उसे मिल रहा है, वह उसकी विशेषज्ञता की सीमा से बाहर नहीं है और वह भविष्य में इसमें सुधार करने की कोशिश करेगा।

क्या उसने ऐसा किया? आप यकीन कर सकते हैं कि उसने ऐसा किया होगा। एक बार फिर से वह तेज और कुशल मैकेनिक बन गया। वह प्रसिद्धि, जो मिस्टर हेंके ने उसे दिलायी थी, अपनी उस पूर्व योग्यता के अनुरूप काम करने के अलावा उसके पास कुछ और करने का विकल्प ही कहाँ था?

संक्षेप में कहें तो, यदि आप किसी व्यक्ति के किसी विशेष पहलू में सुधार करना चाहते हैं, तो उसके साथ ऐसा व्यवहार करें जैसे वह विशेष गुण पहले से ही उसकी प्रमुख विशेषताओं में से एक रहा हो। शेक्सपियर ने कहा है, 'किसी ऐसे गुण की कल्पना कीजिए, जो आपके पास नहीं हो।' और यह मानना और खुलेआम बताना उचित हो सकता है कि अन्य लोगों में वही गुण विद्यमान हैं, जिन्हें आप विकसित होना देखना चाहते हों।

उन्हें अच्छी प्रतिष्ठा दें, और वे आपका दिल तोड़ने के बजाय जी-जान से प्रयास करेंगे।

जॉर्जेट लेब्लांक ने अपनी किताब 'माई लाइफ विद मैटरलिंक' में, बेल्जियम की अत्यंत विनम्र सिंड्रेला के आश्चर्यजनक रूपांतरण का वर्णन किया है।

वे लिखती हैं, 'पास के ही होटल से एक सेविका मेरे लिए खाना लेकर आई। "उसे "मैरी द डिशवॉशर" कहा जाता था, क्योंकि उसने अपना करियर एक कामवाली बाई के रूप में शुरू किया था। वह एक विचित्र पशु के समान थी, जिसकी आंखें फिरी हुई थी, टांगें मुड़ी हुई थीं, और वह शारीरिक और

आत्मिक रूप से निर्धन थी।

'एक दिन, जब वह मेरे लिए मैकरोनी की थाली लेकर आ रही थी, मैंने उससे सीधे-सीधे कहा, "मैरी, तुम नहीं जानती कि तुम्हारे भीतर कौन सा खजाना छुपा हुआ है।"

'अपनी भावनाओं को छुपाये रखने के आदी, मैरी ने कुछ पलों के लिए इंतजार किया, क्योंकि आपदा के डर से उसमें जरा सा भी जोखिम उठाने की हिम्मत नहीं थी।

फिर उसने मेज पर थाली रखते हुए एक हल्की से आह भरी और सरलता से बोली, "मैडम, मुझे कभी विश्वास नहीं होता।" उसे शक नहीं हुआ था, उसने कोई सवाल नहीं किया।

वह बस रसोई में वापस चली गई और उसने वह बात दोहरायी जो मैंने उससे कही थी, और भरोसे में इतना बल था कि किसी ने उसका मजाक नहीं उड़ाया। उस दिन उसे एक निश्चित विचार भी दिया गया था। लेकिन सबसे ज्यादा परिवर्तन स्वयं विनम्र मैरी में हुआ था। यह मानते हुए कि वह अनेक अनदेखे चमत्कारों का खजाना थी, उसने अपने चेहरे और शरीर की सावधानी से देखभाल शुरू कर दी, जिससे उसकी जवानी में निखार आने लगा और वह अपनी सादगी को विनम्रतापूर्वक छुपाने लगी।

'दो महीने बाद, उसने शेफ के भतीजे के साथ अपनी शादी की घोषणा की। उसने कहा, "आखिरकार, मैं एक महिला बनने जा रही हूँ," और मुझे धन्यवाद दिया। एक छोटे से वाक्य ने उसकी पूरी जिंदगी बदल दी थी।'

जॉर्जेट लेब्लांक ने 'मैरी द डिशवॉशर' को जीने के लिए आवश्यक प्रतिष्ठा दी - और उस प्रतिष्ठा ने उसका पूरी तरह रूपांतरण कर दिया।

यदि आप दूसरों के दृष्टिकोण या व्यवहार को बदलने जैसी कठिन भूमिका को निभाना चाहते हैं, तो इसका उपयोग करें...

नियम 25: व्यक्ति को जीने के लिए एक अच्छी प्रतिष्ठा दें।

> आलोचना ही आधुनिक कला को अन्य
> युगों की कला से अलग करती है।
>
> —ओक्टावियो पाज

> अगर आपको नींद नहीं आ रही है तो बिस्तर पर चिंतित
> पड़े रहने के बजाए उठो और कुछ करो। चिंता ही आपको
> परेशान करती है, नींद की कमी नहीं।
>
> —डेल कार्नेगी

26

गलती को सुधारना आसान बनाएं

लगभग चालीस वर्ष के मेरे एक अविवाहित मित्र की सगाई हुई, और उसकी मंगेतर ने उसे कुछ देर से नृत्य सीखने के लिए मनाया। उसने मुझे कहानी सुनाते हुए कहा, 'ईश्वर जानता है कि मुझे नृत्य सीखने के लिए प्रशिक्षण की आवश्यकता है, क्योंकि मैंने ठीक वैसा ही नृत्य किया था, जैसा मैंने बीस साल पहले शुरू किया था।'

नृत्य सीखने के लिए मैंने जो पहली शिक्षक रखी थी, उसने शायद मुझे सच बताया था। उसने कहा कि मैं सिरे से गलत था; मुझे सब कुछ भूलकर फिर से शुरुआत करनी होगी। लेकिन यह कहकर उसने मुझसे उम्मीद ही छीन ली नृत्य सीखने के लिए मेरे पास कोई प्रोत्साहन नहीं था। तो मैंने उससे नृत्य सीखना छोड़ दिया।

'अगली शिक्षिका शायद मुझसे झूठ बोल रही होगी, लेकिन मुझे अच्छा लगा। उसने बेपरवाही से मुझसे कहा कि मेरी नृत्यशैली शायद थोड़ी पुराने जमाने की है, लेकिन बुनियादी बातें ठीक हैं, और उसने मुझे विश्वास दिलाया कि मुझे नए कदम सीखने में कोई परेशानी नहीं होगी। पहली शिक्षका ने मेरी गलतियों पर जोर देकर मुझे हतोत्साहित किया था। इस नयी शिक्षका ने इसके विपरीत किया। वह मेरी सही चीजों की प्रशंसा करती रही और

मेरी त्रुटियों को कम से कम किया। ''आपके पास लय की स्वाभाविक समझ है,'' उसने मुझे भरोसा दिलाया। ''आप सच में एक स्वाभाविक नर्तक हैं।'' लेकिन मेरी सहज बुद्धि मुझे बताती है कि मैं हमेशा से ही चौथी श्रेणी का नर्तक रहा हूँ और हमेशा रहूँगा; लेकिन दिल के गहराई में, मुझे अभी भी लगता है कि शायद वह इसे ही सच मानती थी। बेशक, मैं उसे यह कहने के लिए पैसे दे रहा था; लेकिन उसे यह बात उठाने की जरूरत क्या है?

'किसी भी कीमत पर, मुझे पता है कि मैं पहले की तुलना में कहीं बेहतर नर्तक हूं। यदि उसने मुझे नहीं कहा होता कि मेरे पास लय की स्वाभाविक समझ है, तो मुझमें अपेक्षित सुधार नहीं आया होता। इसने मुझे प्रोत्साहित किया। इसने मुझमें उम्मीद जगायी। इसने मुझमें सुधार की भावना जागृत की।'

यदि आप अपनी संतान, जीवनसाथी या अपने कर्मचारी से यह कहते हैं कि वह हर बात में अनाड़ी और मूर्ख है और हर काम गलत कर रहा है, तो आपने सुधार की लगभग प्रत्येक संभावना को नष्ट कर दिया है। बल्कि इसकी विपरीत तकनीक का उपयोग करें- लोगों को प्रोत्साहित करें, उनके साथ उदारता से पेश आयें, उनके काम को आसान बनाएं, उसे बताएं कि आपको उसकी क्षमताओ पर विश्वास है - इससे वह प्रोत्साहित महसूस करेगा और तब तक अभ्यास करेगा, जब तक वह स्वयं को मिले काम में दक्ष नहीं हो जाता।

नियम 26: प्रोत्साहन की तकनीक का उपयोग करें।

*उत्साहपूर्वक व्यवहार करें और इससे आप
खुद भी उत्साहित हो जाएंगे।*

—डेल कार्नेगी

27

आप जो चाहते हैं, वह करने को लोग खुशी-खुशी तैयार हों

जहां लोगों के व्यवहार या तौर-तरीकों में बदलाव आवश्यक हो, वहां एक प्रभावी नेता को निम्नलिखित दिशा-निर्देशों को सदैव ध्यान में रखना चाहिए:

1. ईमानदार बनें। जो आप दे नहीं सकते, उसका वादा न करें। स्वयं को होने वाले लाभ के बारे में भूल जाओ और दूसरे व्यक्ति के लाभ पर ध्यान दो।
2. ठीक से जानिए कि आप दूसरे व्यक्ति से क्या चाहते हैं।
3. समानुभूति रखें। अपने आप से पूछें कि आखिर दूसरा व्यक्ति वास्तव में क्या चाहता है।
4. आपके द्वारा सुझाए गए कार्यों को करने से किसी व्यक्ति को होने वाले लाभों के बारे में विचार करें।
5. उन लाभों का दूसरे व्यक्ति की इच्छा से मिलान करें।
6. जब आप कोई अनुरोध करते हैं, तो इसे ऐसे तरीके से प्रस्तुत करें, कि दूसरे व्यक्ति को यह समझ में आ जाये कि इससे उसे भी लाभ होगा। हम इस तरह के आदेश दे सकते हैं: 'जॉन, कल हमारे पास

कुछ ग्राहक आ रहे हैं और गोदाम को साफ करने की आवश्यकता है। इसलिए गोदाम की सफाई कर दो, और स्टॉक को करीने से अलमारियों में रख दो और काउंटर को पॉलिश कर दो।' अथवा हम जॉन को उसके द्वारा किए जाने वाले कार्य से होने वाले लाभों के बारे में बता सकते हैं: 'जॉन, हमारे पास एक काम है जिसे तुरंत पूरा किया जाना आवश्यक है। यदि यह काम अभी कर दिया जाए, तो हमें बाद में इसका सामना नहीं करना पड़ेगा। मैं कल कुछ ग्राहकों को अपनी सुविधाएं दिखाने के लिए ला रहा हूं। मैं उन्हें गोदाम भी दिखाना चाहता हूं, लेकिन अभी यह खराब स्थिति में है। यदि आप इसकी सफाई करके सामान को साफ-सुथरे ढेर में अलमारियों में रख दोगे और काउंटर को पॉलिश कर दोगे, तो इससे हम कुशल नजर आयेंगे और कंपनी की अच्छी छवि प्रदान करने में तुम्हारा भी योगदान होगा।'

क्या जॉन आपके द्वारा सुझाये गए काम को पूरा करने में खुश होगा? शायद वह बहुत खुश नहीं होगा, लेकिन आपके द्वारा लाभों की ओर इशारा कर देने के कारण वह पहले की तुलना में कहीं अधिक खुश है।

मान लीजिए कि जॉन को अपने व्यवस्थित गोदाम पर गर्व है और वह कंपनी की बेहतर छवि में अपना योगदान देना चाहता है, तो सफाई के इस काम में उसके सहभागी होने की संभावना अधिक होगी। जॉन को भी यह बताया गया होगा कि अंतत: इस काम को करना ही पड़ेगा और इस काम को अभी

पूरा कर लेने से बाद में उसका सामना नहीं करना पड़ेगा।

यह मानना अनाड़ीपन होगा कि इन तरीकों का उपयोग करने से आपको हमेशा अन्य व्यक्तियों से अनुकूल प्रतिक्रिया ही मिलेगी, लेकिन अधिकांश लोगों के अनुभव से पता चलता है कि इन सिद्धांतों का उपयोग करने से आपके द्वारा लोगों के दृष्टिकोण को बदलने की संभावना अधिक होगी - और यदि आप अपनी सफलता को मात्र 10 प्रतिशत बढ़ाते हैं, तो एक नेता के रूप में आप पहले की तुलना में 10 प्रतिशत अधिक प्रभावी हो गए हैं - और यही आपका हासिल है।

जब आप इन तकनीकों को उपयोग करते हैं, तो लोगों के द्वारा वह करने की अधिक संभावना होती है जो आप उनसे करवाना चाहते हैं।

नियम 27: आप जो भी सुझाव दें, उसे करने के लिए दूसरे व्यक्ति को खुशी-खुशी राजी करें।

आइये, हम उन लोगों के प्रति कृतज्ञ हों, जो हमें खुश करते हैं, वे ऐसे प्यारे माली हैं जो हमारी आत्मा की बगिया को हरा-भरा रखते हैं।

—मार्सेल प्राउस्ट

भाग 4

28

आलोचना करने के पूर्व सोचें

सबसे सनसनीखेज मैनहंट न्यूयॉर्क शहर 07 मई 1931 को अपने चरमोत्कर्ष पर आ गया था। हफ्तों की तलाश के बाद, हत्यारा और बंदूकधारी 'टू गन' क्राउली - जो धूम्रपान या मद्यपान नहीं करते था - वेस्ट एंड एवेन्यू स्थित अपनी प्रेमिका के अपार्टमेंट में छुपा हुआ था।

एक सौ पचास पुलिसकर्मियों और जासूसों ने अपार्टमेंट की सबसे ऊपरी मंजिल के ठिकाने की घेराबंदी की। उन्होंने छत में छेद किया; वे 'द कॉप किलर' के नाम से कुख्यात क्राउली को आंसूगैस का इस्तेमाल करके पकड़ना चाहते थे। उन्होंने आसपास की इमारतों पर मशीनगनों को तैनात कर दिया था, और उसके बाद एक घंटे से अधिक समय तक न्यूयॉर्क का एक सभ्रांत रिहायशी इलाका गोलियों और मशीनगनों की गड़गड़ाहट से गूंज उठा।

क्राउली ने एक बड़ी सी कुर्सी के पीछे से पुलिस पर लगातार गोलियां बरसाईं। दस हजार से अधिक उत्साहित लोगों ने यह संघर्ष देखा। न्यूयॉर्क के फुटपाथों पर पहले ऐसा कुछ भी कभी नहीं देखा गया था।

जब क्रॉउली को पकड़ लिया गया, तो पुलिस आयुक्त ई.पी. मुलरोनी ने घोषणा की कि टू-गन डेस्परैडो न्यूयॉर्क के इतिहास

में पकड़े गए अब तक के सबसे खतरनाक अपराधियों में से एक था। कमिश्नर ने कहा, 'वह एक खूंखार अपराधी है, जो पलक झपकते ही लोगों का खात्मा कर देता है।'

लेकिन 'टू गन' क्राउली अपने बारे में क्या सोचता था? हम ऐसा इसलिए जानते हैं, क्योंकि जब पुलिस उसके अपार्टमेंट पर फायरिंग कर रही थी, तो उसने 'जिस किसी से भी संबंधित हो' शीर्षक से एक पत्र लिखा था और पत्र लिखते समय उसके घावों से बहने वाले खून से उस पत्र पर एक लाल निशान पड़ गया था। इस पत्र में क्राउली ने लिखा: 'मेरे कोट के भीतर एक थका हुआ दिल है, लेकिन वह दयालु है - ऐसा दिल, जो किसी को भी नुकसान नहीं पहुंचाएगा।

इस घटना से कुछ ही समय पहले, क्राउली अपनी प्रेमिका के साथ लॉन्ग आइलैंड की एक कंट्री रोड पर अपनी प्रेमिका के साथ पार्टी कर रहा था। तभी एक पुलिसकर्मी कार के पास आया और बोला: 'अपना लाइसेंस दिखाओं।'

एक भी शब्द कहे बिना क्राउले ने अपनी बंदूक निकालकर पुलिसकर्मी को मौत के घाट उतार दिया। जैसे ही घायल पुलिसकर्मी गिरा, क्राउली ने कार से छलांग लगा दी, और उस पुलिस कर्मी की रिवाल्वर निकालकर उसके झुके हुए शरीर पर एक और गोली मार दी। और यह वह हत्यारा था, जिसने कहा था: 'मेरे कोट के भीतर एक थका हुआ दिल है, लेकिन वह दयालु है-ऐसा दिल, जो किसी को भी नुकसान नहीं पहुंचाएगा।

क्राउली को इलेक्ट्रिक चेयर द्वारा मौत की सजा सुनाई गई। जब उसे सिंग सिंग स्थित जेल में मौत की सजा हेतु लाया गया, तो क्या उसने कहा होगा, 'यह सजा मुझे लोगों को मारने के लिए मिली है'? नहीं, उसने कहा: 'यह सजा मुझे अपना बचाव करने के लिए मिली है।'

कहानी का सार यह है: 'टू गन' क्राउली ने किसी भी चीज के लिए स्वयं को दोषी नहीं ठहराया।

अगर 'टू गन' क्रॉली या जेल की दीवारों के पीछे कैद पुरुष और महिलाएं किसी भी चीज के लिए स्वयं को दोषी नहीं ठहराते हैं - तो उन सामान्य लोगों के बारे में क्या, जिनके साथ आप और मैं संपर्क में आते हैं?

अपने नाम के अमरीकी स्टोर के संस्थापक जॉन वानामेकर ने एक बार यह स्वीकार किया था: 'तीस साल पहले मैंने यह जान लिया था कि डाँटना एक मूर्खता है। इस बात की चिंता किए बिना कि ईश्वर ने बुद्धि जैसे उपहार को सभी इंसानों में समान रूप से वितरित करना उचित नहीं समझा, मुझे अपनी कमियों पर काबू पाने में काफी परेशानी हुई है।'

वानामेकर ने यह सबक बहुत जल्दी सीख लिया था, लेकिन व्यक्तिगत रूप से मुझे यह सबक सीखने में एक तिहाई सदी से अधिक का वक्त लगा कि सौ में से निन्यानबे लोग किसी भी चीज के लिए स्वयं को दोषी नहीं ठहराते, चाहे वे कितने भी गलत क्यों न हों।

आलोचना करना व्यर्थ है क्योंकि यह व्यक्ति को रक्षात्मक बना देती है और आमतौर पर उसे स्वयं को सही ठहराने के लिए उत्प्रेरित करती है। आलोचना बहुत खतरनाक चीज है, क्योंकि यह व्यक्ति के अनमोल आत्मसम्मान और महत्व की भावना को ठेस पहुँचाती है, और आक्रोश को जन्म देती है।

विश्व प्रसिद्ध मनोवैज्ञानिक बी.एफ. स्किनर ने अपने प्रयोगों के द्वारा यह साबित किया कि अच्छे व्यवहार के लिए पुरस्कृत होने वाला जंतु, बुरे व्यवहार के लिए दंडित होने वाले जंतु की तुलना में कहीं अधिक तेजी और प्रभावी तरीके से सीखेगा। बाद के अध्ययनों से पता चला है कि यही बात इंसानों पर भी लागू

होती है। आलोचना करने से, हम चिरस्थायी परिवर्तन नहीं ला पाते हैं और अक्सर नाराजगी ही आमंत्रित करते हैं।

मनुष्य का स्वभाव देखिए, वह चाहे जितनी भी गलतियाँ करे, पर स्वयं को छोड़कर हर किसी को दोष देता है। हम सब ऐसे ही हैं। इसलिए भविष्य में जब भी आप और मैं किसी की आलोचना करने को लालायित हों, तो 'टू गन' क्राउली को जरूर याद करें।आइए यह मान लें कि आलोचना कबूतरों की तरह होती है। वे लौटकर घर ही आते हैं। कल्पना कीजिए कि जिस व्यक्ति की हम गलती सुधारने और निंदा करने जा रहे हों, वह शायद खुद को सही ठहराएगा और बदले में हमारी निंदा करेगा; या कोमल स्वभाव वाले हॉवर्ड टैफ्ट की तरह कहेगा: "मुझे समझ नहीं आ रहा कि मैंने जो काम किया है, उसे किसी और तरीके से कैसे कर सकता था।"

मार्क ट्वेन कभी-कभी अपना आपा खो देते थे और ऐसे पत्र लिखते थे कि पूरा कागज को गुदेड़ देते थे। उदाहरण के लिए, एक बार उन्होंने एक ऐसे आदमी को पत्र लिखा जिसने उनका गुस्सा भड़काया था:

> "मेरे पास आपको दफनाने का परमिट है। आप बस बोलें और मैं सुनिश्चित करूंगा कि वह आपको तुरंत प्राप्त हो।" एक अन्य अवसर पर उन्होंने एक संपादक को प्रूफरीडर द्वारा 'वर्तनी और विराम चिह्न सुधारने' के प्रयासों के बारे में पत्र लिखा। उन्होंने आदेश दिया: 'यह सुनिश्चित करें कि आगे से पुस्तक का पाठ मेरी प्रति के अनुसार ही हो, और कमअक्ल प्रूफरीडर अपने सुझावों को अपने पास ही रखे।'

इन कटु पत्रों के लेखन ने मार्क ट्वेन को बेहतर महसूस कराया। इन पत्रों से उनका गुस्से का गुबार निकल गया, और पत्रों ने कोई वास्तविक नुकसान भी नहीं किया, क्योंकि मार्क की पत्नी ने उन पत्रों को गुप्त रूप से उन्हें मेल से बाहर कर दिया था। वे पत्र कभी भेजे ही नहीं गये। लोगों के साथ व्यवहार करते समय, हमें यह बात हमेशा याद रखनी चाहिए कि हम तार्किक प्राणियों के साथ व्यवहार नहीं कर रहे हैं। हम भावनाप्रधान जीवों के साथ व्यवहार कर रहे हैं, जो पूर्वाग्रहों से भरे हैं और गर्व और घमंड से प्रेरित हैं।

कटु आलोचना के कारण संवेदनशील लेखक और अंग्रेजी साहित्य को समृद्ध करने वाले बेहतरीन उपन्यासकारों में से एक थॉमस हार्डी ने कथा लेखन को हमेशा के लिए छोड़ दिया। आलोचना ने अंग्रेजी कवि थॉमस चौटरटन को आत्महत्या के लिए प्रेरित किया।

नियम 28: निंदा, शिकायत या आलोचना न करें।

जो विचार मध्य रात्रि में आपके पास आते हैं,
और जो आपको जगाकर लिखने के लिए प्रेरित करते हैं,
वे मूल्यवान होते हैं और उनमें किसी तरह के संशोधन
की आवश्यकता नहीं होती है।

—सौल बेलो

29
लोगों से निपटने का बड़ा रहस्य

इस धरती पर किसी व्यक्ति से कुछ भी करवाने के लिए बस एक ही रास्ता है। क्या आपने इसके बारे में सोचना बंद कर दिया था? हाँ, बस एक रास्ता। और वह रास्ता है कि दूसरे व्यक्ति को उस काम को करने के लिए राजी करना।

याद रखें, इसके अलावा कोई दूसरा रास्ता नहीं है।

बेशक, आप किसी की पसलियों पर रिवॉल्वर अड़ाकर उसे अपनी घड़ी देने के लिए मजबूर कर सकते हैं। आप अपने कर्मचारियों को नौकरी से निकालने की धमकी देकर उनसे काम करा सकते हैं जब तक कि आपकी पीठ नहीं मुड़ जाती। आप चाबुक दिखाकर या धमकी देकर किसी बच्चे से अपनी मनमर्जी का काम करवा सकते हैं। लेकिन इन अपरिष्कृत तरीकों के तीखे और अवांछनीय प्रभाव होते हैं।

मैं तभी तुमसे कुछ करवा सकता हूं, जब मैं तुम्हें वह दे दूं, जो तुम चाहते हो।

तुम्हें क्या चाहिए?

सिगमंड फ्रायड ने कहा कि हम और आप जो कुछ भी करते हैं, उसके पीछे दो ही मकसद होते हैं: कामवासना और महान बनने की इच्छा।

अमेरिका के सबसे गहन दार्शनिकों में से एक जॉन डेवी ने

इसे थोड़ा अलग तरीके से कहा है। डॉ डेवी ने कहा कि मानव स्वभाव में सबसे गहरी इच्छा उसकी 'महत्वपूर्ण होने की इच्छा' है। इस वाक्यांश को याद रखें: 'महत्त्वपूर्ण होने की इच्छा।' यह महत्त्वपूर्ण है। आप इस किताब में इसके बारे में बहुत कुछ पढ़ने वाले हैं।

आप क्या चाहते हैं? बहुत ज्यादा चीजें नहीं, लेकिन ऐसी कुछ चीजें अवश्य हैं, जिनके लिए आप आप तरसते हैं और जिसे नकारा नहीं जाएगा। कुछ ऐसी चीजें, जिन्हें अधिकांश लोग पाना चाहते हैं, उनमें शामिल हैं:

1. स्वास्थ्य और जीवन का संरक्षण।
2. भोजन।
3. निद्रा
4. धन और धन से क्रय की जा सकने वाली चीजें।
5. परलोक में जीवन।
6. यौन तुष्टि।
7. बच्चों की खुशहाली।
8. महत्व की भावना।

इनमें से हमारी लगभग सभी इच्छाएं आमतौर पर पूरी होती हैं एक को छोड़कर। लेकिन एक और लालसा है - जो लगभग उतनी ही गहरी और प्रबल होती है, जितनी कि भोजन या नींद की इच्छा- जो शायद ही कभी तृप्त होती है। फ्रायड इसे 'महान बनने की इच्छा' कहते हैं। डेवी इसे 'महत्त्वपूर्ण होने की इच्छा' कहते हैं।

मानव जाति और जानवरों के बीच के प्रमुख अंतरों में से एक 'महत्त्व की इच्छा' भी है। यह महत्त्व की भावना ही थी जिसने एक अशिक्षित और निर्धनता से पीड़ित एक किराना क्लर्क को कानून की उन पुस्तकों को पढ़ने के लिए प्रेरित किया, जो उसे एक घर में पुराने से डिब्बे में मिली थीं, जिसे उसने

पचास सेंट में खरीदा था। आपने शायद इस किराना क्लर्क के बारे में सुना होगा। उनका नाम लिंकन था।

महत्व की भावना ने ही डिकेंस को अपने अमर उपन्यास लिखने के लिए प्रेरित किया। इसी इच्छा ने सर क्रिस्टोफर व्रेन को अपनी सिम्फनी को पत्थर पर डिजाइन करने के लिए प्रेरित किया। इसी इच्छा ने रॉकफेलर को लाखों रुपये का संचय करने के प्रेरित किया, जो उन्होंने कभी खर्च नहीं किए! और इसी इच्छा ने आपके शहर के सबसे अमीर परिवार को अपनी आवश्यकताओं से बहुत अधिक बड़ा मकान बनाने को प्रेरित किया है।

यह इच्छा ही आपको नवीनतम फैशन शैली के वस्त्र पहनने, नवीनतम कारों को चलाने और अपने शानदार बच्चों के बारे में बात करने के लिए प्रेरित करती है।

इसी इच्छा के चलते कई युवक और युवतियां अपराधियों के गिरोह में शामिल हो जाते हैं और आपराधिक गतिविधियों में भाग लेते हैं। किसी समय न्यूयॉर्क के पुलिस आयुक्त रहे ई. पी. मुलरूनी के अनुसार औसत युवा अपराधी अहंकार से भरे होते हैं, और गिरफ्तारी के बाद सबसे पहले वे उन झूठे समाचार पत्रों को मंगाते हैं, जो उन्हें हीरो बनाते हैं। जब तक उसके पास खेलजगत, फिल्म और टीवी की प्रमुख हस्तियों और राजनीतिज्ञों की तस्वीरों के साथ अपनी तुलना करके खुश होने का मौका होता है, तब तक कारावास की संभावना नजर नहीं आती।

महत्त्व की भावना के लिए जूझने वाले प्रसिद्ध लोगों के मनोरंजक उदाहरणों से इतिहास भरा हुआ है। यहां तक कि जॉर्ज वाशिंगटन भी अपने आप को 'हिज माइटनेस, द प्रेसिडेंट ऑफ द यूनाइटेड स्टेट्स' कहलाना चाहते थे; और कोलंबस 'एडमिरल ऑफ द ओशन एंड वाइसराय ऑफ इंडिया' की उपाधि चाहते थे। कैथरीन द ग्रेट ने उन पत्रों को नहीं खोलती थीं, जिनमें

उन्हें 'शाही महामहिम' कहकर संबोधन न किया गया हो; और

व्हाइट हाउस में श्रीमती लिंकन, श्रीमती ग्रांट पर एक शेरनी की तरह गरजीं, 'जब तक मैं आपसे बैठने को नहीं कहती, तब तक आपकी मेरे सामने बैठने की हिम्मत कैसे हुई!'

कई करोड़पतियों ने 1928 में एडमिरल बर्ड के अंटार्कटिक अभियान को इस भावना के साथ प्रायोजित किया कि वहां की कुछ बर्फीली पर्वत श्रृंखलाओं का नामकरण उनके नाम किया जाएगा; और विक्टर ह्यूगो की तो यहां तक इच्छा थी कि उनके सम्मान में पेरिस शहर का नाम तक बदल दिया जाये। यहाँ तक कि महानतम लेखकों में से एक शेक्सपियर ने एक प्रतीक चिह्न (कोट ऑफ आर्म्स) क्रय करके अपने परिवार को और अधिक प्रतिष्ठा प्रदान करने का प्रयास किया।

सहानुभूति और ध्यान अर्जित करने और महत्व की भावना प्राप्त करने के लिए लोग कभी-कभी अमान्य हो जाते हैं। श्रीमती मैकिन्ले का ही उदाहरण लें। वे संयुक्त राज्य अमेरिका के राष्ट्रपति और अपने पति को उस समय राज्य के महत्वपूर्ण मामलों की उपेक्षा करने के लिए मजबूर किया करती थी, जिस समय वे उनके बगल में बिस्तर पर लेटते थे और उन्हें अपनी बांहों में सुलाते थे, ताकि वे आराम से नींद ले सकें। जब वे अपने दाँत ठीक करवा रही होती थी, तो उस समय अपने पति को साथ में बने रहने की जिद किया करती थीं, और एक बार तो तब हंगामा खड़ा हो गया, जब उनके पति को उन्हें दंत चिकित्सक के पास अकेला छोड़कर जाना पड़ा, क्योंकि राष्ट्रपति की अपने विदेश सचिव जॉन हे के साथ आवश्यक मुलाकात नियत थी।

कुछ विद्वान का तो यहां तक मत है कि ऐसे लोग जो महत्व की भावना के चलते सदा अपने कल्पना लोक में रहते हैं, कठोर वास्तविकता की दुनिया में उपेक्षित कर दिए जाने पर पागल तक

हो सकते हैं। संयुक्त राज्य अमेरिका में अन्य सभी बीमारियों से ग्रस्त लोगों की संख्या से कहीं अधिक संख्या मानसिक रोगियों की है।

पागलपन का कारण क्या है?

इस तरह के प्रश्न का कोई सीधा उत्तर नहीं दे सकता है, लेकिन हम जानते हैं कि सिफलिस जैसी कुछ बीमारियाँ मस्तिष्क की कोशिकाओं को नष्ट कर देती हैं, जिसके फलस्वरूप पागलपन हो जाता है। वास्तव में, आधे से ज्यादा मानसिक रोगों के लिए मस्तिष्क के घावों, शराब, विषाक्त पदार्थ और चोट जैसे शारीरिक कारणों को जिम्मेदार ठहराया जा सकता है।

लेकिन इस कहानी का एक भयानक सच यह है- कि पागलपन के शिकार शेष आधे मरीज की मस्तिष्क कोशिकाओं में कोई दोष नजर नहीं आता है। पोस्ट-मॉर्टम में, जब उनके मस्तिष्क के ऊतकों का उच्चतम शक्ति वाले सूक्ष्मदर्शी द्वारा अध्ययन किया जाता है, तो ये ऊतक एकदम स्वस्थ पाए जाते हैं।

आखिर ये लोग पागल क्यों हो जाते हैं?

यह प्रश्न मैंने एक अत्यंत महत्त्वपूर्ण मनोचिकित्सा अस्पताल के मुख्य चिकित्सक से पूछा। इस विषय में अपने ज्ञान के लिए सर्वोच्च सम्मान और सबसे प्रतिष्ठित पुरस्कार प्राप्त करने वाले उस डॉक्टर ने मुझे बताया कि वे नहीं जानते कि लोग पागल क्यों हो जाते हैं। कोई भी निश्चित रूप से इसका कारण नहीं जानता है। लेकिन उन्होंने बताया पागल हो जाने वाले बहुत से मरीज प्रायः पागलपन में महत्व की भावना पाते हैं, जो उन्हें वास्तविक दुनिया में नहीं प्राप्त होती है। फिर उन्होंने मुझे यह कहानी बताई।

'मैं एक मरीज को जानता हूँ, जिसकी शादी एक त्रासदी साबित हुई है। वह प्रेम, यौन संतुष्टि, संतान और सामाजिक प्रतिष्ठा पाना चाहती थी, लेकिन उसकी सारी उम्मीदों पर पानी फिर गया। उसके पति से उसे प्यार नहीं मिला। वह उसके

साथ भोजन तक करना पसंद नहीं करता था, यहां तक कि उसे अपने ऊपरी मंजिल पर स्थित कमरे में भोजन परोसने के लिए मजबूर किया करता था। उनकी कोई संतान और सामाजिक प्रतिष्ठा नहीं थी। वह पागल हो गई; और, अपने कल्पनालोक में, उसने अपने पति को तलाक दे दिया और अपना मायके का नाम फिर से रख लिया। अब उसे लगता है कि उसकी शादी एक अंग्रेज अभिजात परिवार में हो गयी है, और अब अपने आप को लेडी स्मिथ संबोधित करने पर जोर देती है।

'और अब वह कल्पना करती है कि वह हर रात एक नयी संतान को जन्म देती है। जब भी मैं उसे फोन करता हूं तो वह कहती है: "डॉक्टर साहब, कल रात मुझे बच्चा हुआ है।"

वास्तविक जीवन में उसका जहाज झंझावातों में फंसकर टुकड़े-टुकड़े हो गया था; लेकिन कल्पनालोक में पतवारों वाला वह जहाज हवा की दिशा में तेजी से बह रहा है।

कैसी त्रासदी है ना? ओह, मुझे नहीं पता। उसकी चिकित्सक ने मुझसे कहा: 'अगर मुझमें उसके पागलपन को दूर करने की क्षमता होती, तो भी मैं ऐसा कभी नहीं करती। वह जिस अवस्था में है, उसी में बहुत खुश है।'

यदि कुछ लोग महत्व की भावना के लिए इतने भूखे हैं कि वे इसे पाने के लिए पागल तक हो जाते हैं, तो कल्पना कीजिए कि किसी की ईमानदार प्रशंसा करके आप और हम कैसे चमत्कार कर सकते हैं।

मेरे संग्रह में एक कहानी है जो भले ही कभी घटित नहीं हुई, लेकिन फिर भी वह एक सच्चाई को दर्शाती है, इसलिए मैं इसे दोहराऊंगा:

इस मूर्खतापूर्ण कहानी में, एक खेतिहर महिला दिन भर के कठोर श्रम के बाद अपने पति के सामने घास का ढेर लगा देती

है। और जब उसके पति ने गुस्से से पूछा कि क्या वह पागल हो गई है, तो उसने जवाब दिया: 'क्यों, आखिर मुझे कैसे पता चला कि मेरे काम पर तुम्हारी नजर भी गयी है? मैं पिछले बीस वर्षों से आप लोगों के लिए भोजन पका रही हूँ और इस पूरी अवधि में मुझे ऐसा एक भी शब्द सुनाई नहीं दिया जिससे मुझे एहसास हो कि आप केवल घास नहीं खा रहे थे।'

कुछ साल पहले जब घर से भागने वाली पत्नियों पर एक अध्ययन किया गया था, तो आपको क्या लगता है कि उन पत्नियों के घर से भाग जाने का मुख्य कारण क्या रहा होगा? यह 'प्रशंसा या सराहना की कमी' थी। और मैं शर्त लगा सकती हूं कि यदि भगोड़े पतियों पर ऐसा ही अध्ययन किया जाये तो इसी तरह के परिणाम सामने आएंगे। हम कई बार अपने जीवनसाथी को इतना हल्के में लेते हैं कि हम उन्हें कभी यह एहसास ही नहीं होने देते कि हम उनकी कद्र करते हैं।

हमारी एक कक्षा के सदस्य ने हमें उसकी पत्नी द्वारा किए गए अनुरोध के बारे में बताया। वह और उसके चर्च की महिलाओं का एक समूह एक आत्म-सुधार कार्यक्रम में शामिल था।

उसने अपने पति से कहा कि वह छह ऐसी चीजों की सूची बनाकर उसकी मदद करे, जो उसे एक बेहतर पत्नी बनाने में मददगार हों।

उसने कक्षा से कहा: 'मैं इस तरह का अनुरोध सुनकर आश्चर्यचकित था। सच कहूं, तो जो बदलाव मैं उसमें देखना चाहता हूं, उसके बारे में छह ऐसी चीजों की सूची बनाना मेरे लिए बहुत आसान है, – पर वह मेरे बारे में ऐसी एक हजार चीजों की सूची बना सकती थी, जो बदलाव वह मुझमें देखना चाहती थी – और मैंने नहीं किया। मैंने उससे कहा, "मुझे इसके बारे में विचार करने दो और मैं इसके बारे में सुबह उत्तर दूँगा।"

'अगली सुबह मैं जल्दी उठा और फूलवाले को बुलाकर उससे छह लाल गुलाब एक नोट के साथ मेरी पत्नी को भेजने को कहा: "मैं उन छह चीजों के बारे में नहीं बता सकता, जिनका मैं तुम्हारे अंदर बदलाव चाहता हूं। तुम जैसी हो, मुझे पसंद हो"

'उस शाम जब मैं घर पहुंचा, तो आपका क्या अनुमान है कि घर के दरवाजे पर किसने मेरा अभिवादन किया होगा?: आप सही सोच रहे हैं। दरवाजे पर मेरी पत्नी ही थी! उसकी आँखें आँसुओं से डबडबाई हुई थी। यह कहने की जरूरत नहीं है, मैं बेहद खुश था कि मैंने उसकी कोई आलोचना नहीं की थी।

'अगले रविवार जब उसने चर्च में अपने कार्य के परिणाम प्रस्तुत किए, तो उसके साथ पढ़ने वाली कई महिलाएँ मेरे पास आईं और बोलीं, "इससे अच्छी बात हमने पहले कभी सुनी थी।" तब जाकर मुझे प्रशंसा की शक्ति का एहसास हुआ।'

एक बार मैं उपवास के मोह में पढ़कर छह दिन और रात बिना कुछ खाए रहा। यह मुश्किल नहीं था। जितनी भूख मुझे दूसरे दिन के समाप्ति पर महसूस हो रही थी, उतनी भूख मुझे छठे दिन के अंत में महसूस नहीं हुई। फिर भी जैसा कि आप और मैं जानते हैं, कि लोग यही सोचेंगे कि कोई व्यक्ति यदि अपने परिवार या कर्मचारियों को छह दिनों तक बिना भोजन के रहने देगा तो वह अपराध करेगा; लेकिन वे उन्हें छह दिन, छह सप्ताह, और कभी-कभी साठ साल तक बिना किसी तरह की प्रशंसा के रखते हैं, जबकि उनके मन में प्रशंसा के लिए लगभग उतनी ही लालसा है, जितनी कि वे भोजन के प्रति रखते हैं।

हम अपनी संतानों, दोस्तों और कर्मचारियों के शरीर का पोषण करते हैं, लेकिन हम उनके आत्मसम्मान का कितना कम पोषण करते हैं? हम उन्हें ऊर्जावान बनाने के लिए भुना हुआ मांस और आलू खिलाते हैं, लेकिन उनके प्रति प्रशंसा के दो

शब्द बोलने से परहेज करते हैं, जोकि वर्षों तक उनकी स्मृतियों में किसी स्वर्गिक संगीत की तरह बजते रहेंगे।

इन पंक्तियों को पढ़ते हुए कुछ पाठक यह कह रहे होंगे कि: 'ओह, यह बेकार का चापलूसी भरा विचार है, जो किसी काम का नहीं है!

बुद्धिमान लोगों के समक्ष यह काम नहीं करता।' प्रशंसा और चापलूसी के बीच क्या अंतर है? यह जानना बहुत सरल है। पहला व्यक्ति ईमानदार है और दूसरा लापरवाह। पहला हर काम मन लगाकर करता है; दूसरा बस खीसें निपोरता है। पहला निस्वार्थ भाव से काम करता है; दूसरा स्वार्थी है। पहले की चहुंओर प्रशंसा होती है; दूसरे की हर जगह निंदा की जाती है।

किंग जॉर्ज पंचम ने बकिंघम पैलेस में अपने अध्ययन कक्ष की दीवारों पर छह सूक्तियां लगा रखी थी। इन सूक्तियों में से एक मे लिखा था: 'न सस्ती प्रशंसा करो और न ही सस्ती प्रशंसा सुनो।' सस्ती प्रशंसा चापलूसी ही होती है।

प्रशंसा हमारे दैनिक अस्तित्व के सबसे उपेक्षित गुणों में से एक है। न जाने क्यों, जब हमारे पुत्र या पुत्री परीक्षा में अच्छे अंक लेकर आते हैं, तो हम उनकी प्रशंसा करना टाल जाते हैं और जब वे पहली बार कोई व्यंजन या चिड़ियों का घोसला बनाते हैं तो हम उन्हें प्रोत्साहित करने में विफल रहते हैं। बच्चों को माता-पिता द्वारा की गयी प्रशंसा से ज्यादा और कुछ भी नहीं भाता है।

आप अपने रोजमर्रा के जीवन में कृतज्ञता और प्रशंसा का भाव अपनाने का प्रयास करें। आप यह देखकर अचरज में पड़ जायेंगे कि प्रशंसा या कृतज्ञता के ये शब्द आपकी अगली यात्रा में प्रगाढ़ मित्रता की आधारशिला बनेंगे।

कनेक्टिकट के न्यू फेयरफील्ड की निवासी पामेला डनहम के

पास अनेक कार्यदायित्वों के अलावा एक कर्मचारी की निगरानी करने का कार्य भी था, जो बहुत खराब काम कर रहा था। दूसरे कर्मचारी उसका मजाक उड़ाते थे और यह दिखाने के लिए हॉल में कूड़ा डालते थे कि वह कितना बुरा काम कर रहा है। यह बहुत बुरा था, और इससे दुकान का कीमती समय नष्ट हो रहा था।

किसी भी तरह की सफलता मिले बिना, पामेला ने इस कर्मचारी को प्रेरित करने के लिए विभिन्न तरीके आजमाये। उन्होंने पाया कि कभी-कभी वह विशेष रूप से अच्छा काम करता है। उन्होंने अन्य लोगों के सामने इस कर्मचारी की प्रशंसा करने का बीड़ा उठा लिया। दिन-प्रतिदिन उसके काम में निखार आने लगा, और जल्द ही वह अपना सारा काम कुशलतापूर्वक करने लगा। अब वह कर्मचारी बहुत अच्छा काम करता है और अन्य लोग भी उसकी सराहना करते हैं। जहां आलोचना और उपहास से काम नहीं चलता, वहां सच्ची प्रशंसा कारगर होती है।

नियम 29: प्रशंसा ईमानदार होनी चाहिए, चापलूसी नहीं।

एक व्यक्ति के रूप में सभी का सम्मान किया जाना चाहिए, लेकिन किसी की भी पूजा नहीं की जानी चाहिए।

—अल्बर्ट आइंस्टीन

यदि आप उत्साही होना चाहते हैं,
तो उत्साहपूर्वक कार्य करें।

—डेल कार्नेगी

30

दूसरे के दृष्टिकोण को समझें

मैं अक्सर गर्मियों के दौरान मछली पकड़ने मेन जाया करता था। मुझे स्ट्रॉबेरी और क्रीम का बहुत पसंद हूं, लेकिन मैंने पाया है किन जाने क्यों मछलियां कीड़े खाना पसंद करती हैं। इसलिए जब मैं मछली पकड़ने जाता हूँ, तो यह नहीं सोचता कि मुझे क्या चाहिए। मैं मछली पकड़ने के अपने कांटे में स्ट्रॉबेरी और क्रीम नहीं लगाता। इसके बजाय, मैं मछली के सामने एक कीड़ा या टिड्डा लटकाकर पूछता हूँ: 'क्या तुम इसे खाना चाहोगी?

तो लोगों के साथ व्यवहार करते समय इसी सामान्य ज्ञान का उपयोग क्यों न करें? इस धरती पर लोगों को प्रभावित करने का एकमात्र तरीका यह है कि वे जो चाहते हैं, उनसे उसके बारे में बात करें और उन्हें दिखाएं कि इसे कैसे प्राप्त किया जाए।

भविष्य में जब आप किसी से कुछ करवाने की कोशिश कर रहे हों, तो यह सबक याद रखें। उदाहरण के लिए, यदि आप नहीं चाहते कि आपके बच्चे धूम्रपान करें, तो उन्हें उपदेश न दें, और न ही इस बारे में बात करें कि आप क्या चाहते हैं; बल्कि उन्हें दिखाएं कि सिगरेट पीने से वे बास्केटबॉल टीम तैयार करने या सौ गज की दौड़ जीतने से वंचित हो जायेंगे।

यह सबक याद रखना अच्छी बात है, चाहे आप बच्चों के साथ व्यवहार कर रहे हों या बछड़ों या चिंपैंजी के साथ।

दूसरे के दृष्टिकोण को समझें • 147

उदाहरण के लिए: एक दिन राल्फ वाल्डो एमर्सन और उनका पुत्र एक बछड़े को खलिहान में लाने की कोशिश कर रहे थे। लेकिन वे दोनों अपनी मंशा के अनुसार काम करने की समान गलती कर रहे थे: एमर्सन धक्का दे रहे थे और उनका पुत्र खींच रहा था। लेकिन बछड़ा भी वही कर रहा था जो ये लोग कर रहे थे: वह केवल अपनी मंशा के बारे में सोच रहा था; इसलिए उसने अपने पैरों को अकड़ा लिया और हठपूर्वक चरागाह छोड़ने से मना कर दिया। एक आयरिश घरेलू सहायिका ने उनकी दुर्दशा देखी। भले ही वह निबंध और किताबें नहीं लिख सकती थी; लेकिन, कम से कम इस अवसर पर, उसके पास इमर्सन की तुलना में कहीं अधिक सामान्य बोध मौजूद था। वह समझ गयी कि बछड़ा क्या चाहता है; इसलिए उसने अपनी एक उंगली बछड़े के मुंह में डाल दी ताकि बछड़ा उसकी उंगली को चूस सके और फिर वह धीरे-धीरे उसे खलिहान में ले गई।

बचपन में गरीबी से जूझ रहे एक स्कॉच बालक एंड्रयू कार्नेगी ने दो सेंट प्रति घंटे पर काम करना शुरू किया था और आगे चलकर 365 मिलियन डॉलर कमाये। अपने जीवन की शुरुआत में ही उसने यह सीख लिया था कि लोगों को प्रभावित करने का एकमात्र तरीका यह है कि उनसे उस बारे में बात करें, जो वे चाहते हैं। उन्होंने केवल चार साल स्कूल में पढ़ाई की; फिर भी उसने यह सीख लिया कि लोगों से कैसे व्यवहार करना है।

उदाहरण के लिए: उनकी भाभी अपने दो लड़कों को लेकर चिंतित थी। वे येल में रह रहे थे, और अपने मामलों में इतने व्यस्त थे कि न ही उन्होंने अपनी माँ को पत्र लिखने पर ध्यान दिया और न ही उन्होंने अपनी माँ के चिंता भरे पत्रों पर कोई ध्यान नहीं दिया।

फिर कार्नेगी ने सौ डॉलर की शर्त लगाते हुए कहा कि उसे बिना मांगे ही रिटर्न मेल द्वारा पत्र का उत्तर प्राप्त हो सकता है। किसी ने उनकी शर्त स्वीकार कर ली; इसलिए उन्होंने अपने भतीजों को हल्की-फुलकी बातूनी शैली में एक पत्र लिखा, जिसके परिशिष्ट में उन्होंने उल्लेख किया कि वे प्रत्येक को पांच-डॉलर का मनीऑर्डर भेज रहे हैं।

हालांकि, उन्होंने कोई धनराशि संलग्न नहीं की।

उन्हें वापिसी मेल से पत्र का जबाव आया। 'प्रिय अंकल एंड्रयू' को उनकी मेहरबानी के लिए और ----- इसके आगे आप स्वयं ही समझ जाइये।

कल आपको भी किसी व्यक्ति को किसी काम के लिए राजी करने की आवश्यकता हो सकती है। कुछ बोलने से पहले, जरा रुकिए और स्वयं से पूछिए: मैं इस व्यक्ति को ऐसा करने के लिए कैसे प्रेरित कर सकता हूँ?

यह प्रश्न हमें बिना किसी सोचविचार के अपनी इच्छाओं के पीछे भागने जैसी लापरवाह स्थिति में जाने से रोकेगा।

एक बार मैंने व्याख्यानों की एक श्रृंखला आयोजित करने के लिए हर सीजन में बीस रातों के लिए न्यूयॉर्क के एक होटल के भव्य बॉलरूम को किराए पर लिया।

एक सीजन के शुरु होने के पहले ही मुझे अचानक सूचित किया गया कि मुझे पहले की तुलना में लगभग तीन गुना अधिक किराया भुगतान करना होगा। यह सूचना मुझे सारे टिकट छप जाने, बंट जाने और सारी घोषणाएं हो जाने के बाद मुझ तक पहुंची।

स्वाभाविक रूप से, मैं अतिरिक्त धनराशि का भुगतान नहीं करना चाहता था, लेकिन अपनी मंशा के बारे में होटल से बात करने का क्या फायदा था? वे तो केवल अपनी मंशा को

पूरा होते हुए देखना चाहते थे। तो कुछ दिनों बाद मैं मैनेजर से मिलने गया।

मैंने कहा, 'जब मुझे आपका पत्र मिला, तो मैं थोड़ा चकित हुआ,लेकिन इसके लिए मैं आपको कतई दोष नहीं देता।'

अगर मैं आपकी जगह होता तो शायद मैं भी ऐसा ही पत्र लिखता। होटल के प्रबंधक के रूप में आपका कर्तव्य अधिकतम लाभ अर्जित करना है। यदि आप ऐसा नहीं करते हैं तो आपको नौकरी से निकाल दिया जाएगा और निकाल भी दिया जाना चाहिए। यदि आप किराए में वृद्धि पर जोर देते हैं, तो आइये हम लोग एक कागज पर इसके कारण आपको होने वाले फायदे और नुकसान को लिख लेते हैं।'

फिर मैंने एक लेटरहेड लिया और कागज के बीचोबीच एक रेखा खींची, जिसके एक कॉलम में 'लाभ' और दूसरे कॉलम में 'हानि' लिखा।

मैंने 'लाभ' शीर्षक के नीचे ये शब्द लिखे: 'बॉलरूम फ्री'। फिर मैंने कहा: आपको नृत्यों और अधिवेशनों के लिए बॉलरूम किराए पर देने से लाभ होगा। यह एक बड़ा लाभ है, क्योंकि इस तरह के आयोजनों से आपको व्याख्यानों की श्रृंखला से मिलने वाली राशि की तुलना में कहीं अधिक आय होगी। अगर मैं इस पूरे सीजन के दौरान बीस रातों के लिए बॉलरूम को बुक कर दूं, तो निश्चित रूप से इससे आपको बहुत लाभ होगा।

'आइए अब हानि पर विचार करें। मुझसे आपकी आमदनी बढ़ने की बजाय घटती जाएगी। वास्तव में, आप अपने मुनाफे से हाथ धोने ज़ा रहे हैं क्योंकि मैं आपके द्वारा मांगे गए किराए का भुगतान नहीं कर सकता। मुझे इन व्याख्यानों का आयोजन किसी अन्य स्थान पर करने के लिए मजबूर होना पड़ेगा।

'इसके अलावा आपको एक और नुकसान है। इन व्याख्यानों

में भाग लेने के लिए आपके होटल में बड़ी संख्या में शिक्षित और सुसंस्कृत लोग आयेंगे।

यह आपके लिए विज्ञापन का एक अच्छा माध्यम है, है ना? वास्तव में, यदि आप समाचार पत्रों में अपने होटल के विज्ञापन के लिए $5,000 का खर्च करते हैं, तो भी आप उतने लोगों को अपने होटल को देखने के लिए नहीं बुला सकते, जितने कि इन व्याख्यानों में आते हैं। यह आपके होटल के लिए बहुत लाभदायक है, है ना?

यह कहते हुए, मैंने इन दोनों नुक्सानों को 'हानि' कॉलम में लिखा, और कागज की वह शीट प्रबंधक को सौंप दी: 'आशा है आप सावधानीपूर्वक लाभ और हानि पर विचार करेंगे और इसके बाद मुझे अपने अंतिम निर्णय से अवगत करा देंगे।

अगले ही दिन मुझे एक पत्र मिला, जिसमें लिखा था कि मेरा किराया 300 प्रतिशत के बजाय केवल 50 प्रतिशत बढ़ाया जाएगा।

ध्यान दीजिए, कि यह रियायत मुझे अपनी मंशा के बारे में एक भी शब्द कहे बिना मिली। मैं हर समय इस बारे में बात करता था कि दूसरा व्यक्ति क्या चाहता है और वह इसे कैसे प्राप्त कर सकता है।

कल्पना कीजिए इसके बजाय मैंने सामान्य मानव सुलभ तरीके से बात की होती; सोचिय कि मैं उसके कार्यालय में घुस गया होता और कहता, 'आखिर आप होटल का किराया 300 प्रतिशत कैसे बढ़ा सकते हैं, जबकि आप जानते हैं कि टिकट छप चुके हैं और समस्त घोषणाएं की जा चुकी हैं? तीन सौ प्रतिशत! हास्यास्पद! बेतुका! मैं इसका भुगतान नहीं करूंगा!'

तब क्या हुआ होता? हम दोनों के बीच एक गरमा-गर्म बहस छिड़ गयी होती - और आप जानते ही हैं कि बहस कहाँ

जाकर समाप्त होती है। यहां तक कि अगर मैंने उसे आश्वस्त भी कर दिया होता कि वह गलत है, तो भी अपने अभिमान के चलते उसके लिए पीछे हटना और हार मान लेना मुश्किल होता।

मानव संबंधों की ललित कला के बारे में दिए गए सबसे अच्छे परामर्शों में से एक यह है। हेनरी फोर्ड ने कहा है, 'यदि सफलता का कोई रहस्य है, तो वह दूसरे व्यक्ति के दृष्टिकोण को समझने और उस व्यक्ति के साथ-साथ अपने दृष्टिकोण से चीजों को देखने की क्षमता में निहित है।'

यह बहुत अच्छा है, और मैं इसे दोहराना चाहता हूं: 'यदि सफलता का कोई रहस्य है, तो वह दूसरे व्यक्ति के दृष्टिकोण को समझने और उस व्यक्ति के साथ-साथ अपने दृष्टिकोण से चीजों को देखने की क्षमता में निहित है।'

यह बात इतनी सरल और स्पष्ट है, कि कोई भी व्यक्ति एक ही झलक में इसकी सच्चाई देख सकता है; फिर भी इस पृथ्वी पर 90 प्रतिशत लोग 90 प्रतिशत समय इसकी अनदेखी करते हैं।

नियम 30: दूसरे व्यक्ति के मन में किसी चीज या उद्देश्य के प्रति इच्छा जागृत करें।

आप जो करते हैं उससे फर्क पड़ता है, और आपको यह तय करना होगा कि आप किस तरह का बदलाव लाना चाहते हैं।

—जेन गुडौल

यदि आप डर पर विजय प्राप्त करना चाहते हैं,
तो घर बैठकर इसके बारे में न सोचें।
बाहर निकलो और व्यस्त हो जाओ।

—डेल कार्नेगी